最实战商务礼仪

万里红 编著

全球享有盛誉的礼仪专家
美国棕榈滩礼仪学校校长
畅销书作家

杰奎琳·惠特摩尔
倾情作序

机械工业出版社
China Machine Press

本书是国际礼仪实战派专家万里红的倾心之作，从商务社交礼仪的细节管理入手，结合作者的亲身经历和所闻所感，借助提问、解答、故事和礼仪小百科等形式，将印象管理、跨文化沟通方式和通用礼仪在商务交往中的运用心法娓娓道来；三位礼仪专家在书中亲自示范，生动地诠释了礼仪的内涵和魅力，深入解读了各种商务场合中礼仪的规范和细节，其中还涉及参加宴会礼仪、喝咖啡礼仪、品尝日本料理礼仪、高尔夫礼仪等许多不为人所熟知的礼仪技巧，旨在帮助更多的人完善和提升自己，从而在相应场合中游刃有余，无往不利。

本书是一本全面、实用、雅致的礼仪书，是商界、政界、学界人士必备的案头书，也是职场人士不可或缺的礼仪读本。

图书在版编目（CIP）数据

最实战商务礼仪/万里红编著.—北京：机械工业出版社，2012.4（2016.11重印）

ISBN 978-7-111-37259-2

Ⅰ.①最… Ⅱ.①万… Ⅲ.①国际商务—礼仪 Ⅳ.①F718

中国版本图书馆CIP数据核字（2012）第013589号

机械工业出版社（北京市百万庄大街22号 邮政编码100037）
策划编辑：马 晋 责任编辑：马 晋
版式设计：霍永明 责任校对：薛 娜
责任印制：乔 宇
北京联兴盛业印刷股份有限公司印刷
2016年11月第1版第4次印刷
170mm×228mm 12.25印张·236千字
12801—14600册
标准书号：ISBN 978-7-111-37259-2
定价：39.80元

凡购本书，如有缺页、倒页、脱页，由本社发行部调换

电话服务	网络服务
服务咨询热线：010-88361066	机 工 官 网：www.cmpbook.com
读者购书热线：010-68326294	机 工 官 博：weibo.com/cmp1952
010-88379203	金 书 网：www.golden-book.com
封面无防伪标均为盗版	教育服务网：www.cmpedu.com

序

2008年的秋天，在我的家乡美国棕榈滩和Lisa Wan（万里红）初次相见。当我在机场接她的时候，我有些紧张，因为我们来自不同的国家，有着完全不同的背景，在不同的环境里生活、成长，我不能肯定我们之间的交流是否能顺畅。但当我见到她的一刹那，我被她灿烂真诚的笑容所吸引，感觉我们似曾相识。

之后的两天，我们交流了很多，有关于商务礼仪、社交礼仪、生活礼仪方面的，也分享了众多兴趣爱好方面的话题，我从她身上学到了很多。我们探讨了如何帮助商务人士更好地从细节着手，重视细节管理，以及如何帮助他们走向世界，赢得全球合作伙伴的尊重等问题。

我和Lisa都相信，如果你对别人心存善念，帮助别人，那么别人也会帮助你。

这就是礼仪的精髓所在：心存善念，尊重他人，在相处中让他人感觉到舒适。礼仪使人与人之间的关系更加融洽，而这些无关乎你的国籍和身份。

2008年9月18日，我和Lisa为双方的企业——棕榈滩礼仪学校（The Protocol School of Palm Beach）和富礼德（上海）礼仪服务有限公司缔结了合作协议，见证了我们之间的专业合作和友谊。

Lisa充满智慧，浑身散发着积极的能量，是一个热爱生活、活在当下的人。欣闻她出版新书，我万分高兴，为她感到骄傲。这是一本商务礼仪指南，融会贯通了中西方文化，通过案例让读者了解中外礼仪文化的不同，详尽地讲解了各种商务场合中的礼仪细节，能帮助更多的商务人士完善自己和提升自己，从而成为一名受人尊重的社会人士。

很高兴能为Lisa的新书作序，期待在礼仪的领域里能够和她有更深入的合作。

Jacqueline Whitmore

2012/3/15于美国棕榈滩

前言：一切从相遇开始

20年前，我在瑞典和朋友驾车时迷失了方向，那天零下15摄氏度，冰天雪地。记得当我朋友紧张地下车问路时，一位50岁左右的女士下车走到我们面前，她见我们神情紧张，瑞典语也讲得不流利，首先露出亲切的笑容，好像在告诉我们：别担心，有我呢。之后她放慢语速，耐心、亲切地告诉了我们路线，还让我们跟在她车后面，把我们带领到目的地。她叫蕾贝卡，在哥德堡一家银行工作。蕾贝卡雪中送炭的微笑让我备受感动，我们成了朋友。后来，我经常到蕾贝卡家喝她亲手煮的咖啡，吃她亲手做的小糕点，听她讲述生活中的故事，没有压力，没有烦恼。20年过去了，蕾贝卡的笑容始终印在我的脑海里，温暖着我的心灵。和蕾贝卡分开后，她的微笑时时出现在我的脸上，因为我知道那使我愉快，并让对方感到舒心，我想今天蕾贝卡看到我和她有相同的发自内心的微笑时，她一定会笑得特别灿烂。

人生的旅途真是很奇妙，每个人，在人生的旅途上都会因为一声真诚的问候，一个发自内心的微笑，一抹柔和的眼神使一个不认识的人走近你，从而成为开启你幸福之门的贵人。当然，也会因为一句傲慢的话语，一个愤怒的表情，一种鄙夷的眼神而使你身边的人远离你。

英国大哲学家约翰·洛克曾说："没有良好的礼仪，其余的一切成就都会被人看成骄傲、自负、无用和愚蠢。"当今社会，没有一个人愿意和言语粗俗、不文明的人打交道。在商场上，先礼后利，有礼走遍天下，无礼寸步难行。商务礼仪是步入商业社会的通行证，更是软实力的较量。"凡人之所以为人者，礼义也。"（《冠义》）。礼仪，是人类走出蛮荒，走向文明的标志。人，出生有洗礼，成人有成人礼，结婚有婚礼，去世有葬礼。而且国有国礼，军有军礼，祭祀时有祭祀礼，举行盛典有典礼，宴请又有宴请礼。礼仪无处不在。所谓"百姓日用而不知”，说的就是这个意思。礼仪，也是一种文化。其背后是有厚重的文化支撑的。中国是礼仪之邦，上下五千年，从西周视礼为“国之大柄”到现代的“五讲四美”，从孔子的“国无礼而不宁”到今天的建设“和谐社会”，礼仪一直是中国传统文化的核心。同样，西方的文明史，在很大程度上也表现着人类对礼仪追求及其演进的历史。如在中世纪，骑士们在公主面前比武时经常吟唱的一首赞歌中，把公主比喻成光芒四射的太阳。因而，骑士们在经过公主的坐席时，总要把手掌举起来放在眉毛上，做遮挡太阳的姿势。后来，这种礼节就被延用下来，形成了举手礼，进而演变为敬礼。又比如在中世纪的欧洲，据说武士们作战都要佩戴头盔，以防止敌人袭击。来者为了表示自己没有敌意，看到武士后就首先把头盔掀开，露出自己的面孔。这种习惯沿用到近代，就形成了脱帽礼。在国际化的进程中，任何一个民族再也不可能无视其他文化的存在，需要尊重各国在长期的文化发展中形成的传统，而且了解并理解他国文化也是对自身文化理解的一种深化。

“礼者，敬人也”，礼敬对方就是庄严自己。只有真正尊重了自己，尊重了生命之后，我们才会真正做到内圣外王，成为一个文明人。

“修功德的人，他的心在一切人事环境上，在一切物质环境上，他常存恭谨之心，决定不会有轻慢的心，而且是真正能做到普敬一切。”（六祖慧能）

在我的人生旅途中，和太多有德性的人相遇，他们有的是商业人士，有的是学者，有的是小村庄的老爷爷、老奶奶，有的是艺术家，有的是社交宴会上的宾客，有的是游客，他们真诚的眼神，亲切的笑容始终印在我的脑海，成为我传播礼仪的动力和源泉。

一切从相遇开始，感谢您在茫茫书海中选择了此书，期待您翻开的这一页成为我们相遇相知的开始。

万里红

目录

第二篇 无声语言左右第一印象 21

第四篇　在国际商务宴会上游刃有余　91

第五篇 做一个国际沟通达人 131

第六篇 礼仪无处不在——细微之处显教养 155

导读

本书共分六篇，每篇穿插了大量照片，并有提问、解答、故事和礼仪小百科，让大家在趣味中了解商务礼仪是想要在商战中立于不败之地所必备的软实力技巧。

第一篇“国际化贵在互相尊重”，通过我自己的亲身经历和所闻所见向大家阐述中外礼仪文化的差异，让大家加深对中国文化的了解，从而兼容并包，海纳百川，成为一个能够接纳世界文化，具有国际性思维的现代商务人士。

第二篇“无声语言左右第一印象”。前半部分主要通过站姿、坐姿、手势、表情、眼神和微笑等无声语言的塑造让你在商务交往中留下美好的第一印象。当然服饰也很重要，要为成功而着装，因此后半部分主要叙述了服饰搭配的T.P.O原则，让大家在不同的场合穿对衣服。

第三篇“国际商务圈铁规则——先礼后利”，涵盖了通用商务社交礼仪，包括握手、问候、称呼、自我介绍、交换名片等礼仪，以及迎来送往中的礼仪细节，包括接机礼仪、座次礼仪、前台礼仪、会议礼仪、娱乐礼仪、展会礼仪、送别礼仪等，让客户有宾至如归的感受。

第四篇“在国际商务宴会上游刃有余”，告诉大家参加宴会前的准备、宴会中的礼仪，以及西餐、日本料理、自助餐的礼仪，当然还有葡萄酒入门、咖啡小常识等，目的是让大家不再惧怕西餐繁琐的程序，一看就会，一学就能用。

第五篇“做一个国际沟通达人”，前半部分主要讲授跨文化沟通如何做到清楚地“言传”，才能让对方“意会”，包括沟通中说、听、问的技巧，音量的调控，声音的运用等，意在让沟通更有效，更富有艺术感；后半部分主要讲解有声世界和无声世界的礼仪，包括电话（固定和移动）礼仪、传真礼仪、商务邮件礼仪、聊天工具礼仪等，意在让读者了解如何更文明高效地应用现代商务工具。

第六篇告诉你“礼仪无处不在——细微之处显教养”。列举了生活中的种种细节：坐车礼仪、地铁内礼仪、机舱内礼仪、抹香水礼仪、观看体育赛事礼仪等，让读者了解礼仪来自于生活，应该运用到生活中。

在我担任商务咨询顾问的岁月里，我经常带领国外企业的管理层拜访国内企业，寻求合作，开发项目，在这一过程中，我目睹了一些由于失礼而造成失去订单的情景，比如用客户的名片敲打桌面，比如和客户沟通时不时打断对方，比如和客户共进午餐时狼吞虎咽等，都让人感觉或行色匆匆，或重视程度不够。

心理学家威廉·詹姆斯[㊀]说过人类本质中最殷切的需求是渴望被尊重。当远道而来的客户看见你和他交谈时不停地看手机，穿得像去和朋友周末烧烤一样，送他进电梯时你没有等电梯门关就走了的时候，他是感受不到被尊重的。当对方感到你不尊重他的时候，他对你也就不会友好，更无信任可言，自然会错失合作良机，就算牵强合作了，也是不可持续的。

（图片摄于东京王子酒店内的花园）

礼仪小百科：礼的起源

礼起于何也？曰：人生而有欲，欲而不得，则不能无求；求而无度量分界，则不能不争；争则乱，乱则穷。先王恶其乱也，故制礼仪以分之，以养人之欲，给人之求，使欲必不穷乎物，物必不屈于欲，两者相持而长，是礼之所起也。

——《荀子·论礼》

“仪禮”的原型是祭神仪式，《说文·示部》：“礼，履也，所以事神致福也，从示从豊。”

仪，表示祭奠者上下尊卑关系。同时又用乐舞仪程等“礼”以表现对祖宗神灵的敬重。

——摘自孔祥骅《国学入门》

本书通过讲述大量发生在生活、社交、商务场合上的故事，希望给愿意提升职业素养，准备迈向国际化的商务人士以参考，也希望大家能举一反三，悟到礼仪的真谛，从而在国际商务场合上游刃有余，成为受人尊重的商务精英。

㊀ 威廉·詹姆斯（William James，1842—1910）：美国心理学家，哲学家，曾任哈佛大学生理学、哲学和心理学教授。

第一篇
国际化贵在互相尊重

1. 迈向国际化从接纳对方文化开始

Q1 你到了德国之后，客户约你在德国餐厅共进晚餐，而你不习惯吃西餐，这时你的做法应该是？

- 问他有无唐人街，因为不习惯吃西餐。
- 说谢谢，很高兴能品尝德国餐。
- 说吃了西餐后胃会不舒服，建议他去中餐厅。

故事：在西餐餐桌上大发牢骚的中国商人

多年前，在德国柏林一家西餐厅里，进来了4位气宇不凡的男士，其中两位亚洲人用乡音大声说着话，令在幽静空间里低声细语的德国人顿时好奇地回头观望。那天，我和朋友在享用晚餐，虽然他们没有坐在我的邻桌，但我能清楚地听到他们说话的内容，因为音量足够飘到整个西餐厅。这久违的乡音令我倍感亲切，但过高的音量让我有些不自在。只听见其中一位对另一位说："小李，你看老外吃的什么啊，一人一块大牛排，我最讨厌吃西餐了。""看来今天要回酒店吃泡面了，你翻译一下说我们中餐种类可是丰富得很，以后来中国我请他们吃好的。"当德国人询问他们点什么时，那位客人说："小李，你就和他们说随便吧，反正不合胃口。"幸亏翻译非常机智，照顾了德国人的感情，只是说"王部长说客随主便，你们推荐的他一定会喜欢吃"，这才顺利应对了过去。

（图片摄于柏林雷迪森酒店附近）

不以自己思想来束缚他人，亦不以他人之思想来束缚自己，思想自由，兼容并包。

——蔡元培

- 德国商务社交礼仪

（图片为法兰克福罗马贝格广场上的公平和正义女神铜像）

德国人性格：像核桃，外硬内软。

从很多细节中可以体现德国人思维严谨。例如，在德国是分区登机，不用事先排队，每位乘客的登机牌票角上写着区号，很有秩序；每个德国人都会事先在家里把垃圾分好类，按照垃圾的不同类别丢弃（一般德国垃圾桶分五种颜色）。

特征：追求完美，自律，准时，整洁，彬彬有礼，讲究秩序。

饮食特征：啤酒大国，餐餐都要喝啤酒；以肉食为主，如猪手、香肠。

社交礼仪：一般不行亲吻礼和贴面礼，尽量以握手为礼，握手时微笑着看着对方，伸手动作大方。去主人家做客时，男主人会为女士穿、脱外套，女士先大方接受，再说声“谢谢”（Danke）。多数德国人会说英语，但使用德语会令对方高兴。

商务礼仪：对本国产品充满信心，商谈中，常以本国产品来作为衡量的标准。交易以信用交易居多，很少使用支票来支付。尊重契约，订约之后，对交货日期或付款日期要求稍微宽限等变更或解释都会不予理睬。

TIPS

若邀请德国合作伙伴或友人参加宴会，流程要标准，时间的分配一定要清楚，比如致欢迎词几分钟，握手人数和时间，发言人数及时间，上菜时间，干杯时间，结束时间等，决不能马虎，而且一旦时间表定下来就要严格执行，不能凭着兴致多说几句或推迟结束，否则会被视为不守信用。

2. 不会讲英语不等于没有国际性思维

Q2 在电梯里遇见英国人对你微笑致意，而你却不会英文，这时你的做法应该是？

- 把头转向别处，装作没看见。
- 拿出手机，假装看短信。
- 大方地点头微笑向对方致意。

故事：不愿说英语的意大利人

2009年夏末，我来到了喜欢的城市米兰，那里一年四季都有来自世界各地的游客。那天我入住旅店后，稍事休息便去冲凉，却发现房内没有吹风机，就打电话向前台询问，但无论我怎样说英文，对方的回答始终是我听不懂的意大利文。无奈之下，我只得披着湿淋淋的头发下楼，刚出门，就碰见送吹风机来的服务生，微笑着对我讲意大利文，这让我纳闷不已：难道是我的英文发音不标准吗？晚餐时，我带着疑惑用英文点餐，但无论是点餐人员还是送餐人员，讲的一律都是意大利文，一开始我很紧张，怕他们没听懂，但看到端上来的比萨饼正是我点的瞬间，我明白了他们全能听懂，只是不愿用英语回答而已。他们只是深深地爱着自己的母语。

（图片摄于米兰斯卡拉大剧院前）

语言，是双方沟通的一个工具，会讲英文固然好，不会讲英文不等于没有国际视野，西方人也可以学中文来和我们沟通，所以懂中文的“海归”在和不懂英文的人士沟通时应该尽量说母语，会说英文忘记中文并不值得骄傲；不懂英文的人应该大大方方地说“I don't speak English”。我们每个人都应先热爱母语，再学习其他语言。

观点

国际化的前提是尊重本国传统文化。

英国商务社交礼仪

性格特征：英国人被称为西方的日本人，衣冠楚楚，待人彬彬有礼，喜怒不形于色。

（图片摄于英国伦敦）

社交礼仪：永远遵循女士第一，接人待物彬彬有礼，恪守礼节。见面多用握手，人际间保持一定距离。在交际中不喜欢虚假，讨厌夸夸其谈者。

商务礼仪：守时，穿正装（习惯穿着三件套）。

正式的商务、政务和外交场合：按不同情况和需要，一般有拜会、茶会、宴会等方式，这些都有较为严格的礼仪程序。对预约期、人员数、层次、场合、服装、仪式等都有固定的格式，而且较为繁琐。

随着时代的变迁，较为随意的商务社交方式，如午宴（在英国甚至整个欧洲，晚宴都是较为正式的应酬，而午宴相当于工作餐）、冷餐会、鸡尾酒会、舞会、游园会等，逐渐替代了严格、繁冗的程序。

就餐礼仪：英国有好的餐桌礼仪（good table manner），法国有好的食物（good food）。英国人即使是进食最简单的食物，在家里和亲朋好友在一起就餐也必须遵循餐桌上的礼仪。当其他欧洲人用叉子方便舒适地“铲”起意大利肉酱粉或土豆、色拉等往嘴里送时，英国人永远把食物放在叉背上，哪怕吃米饭，他们也是用餐刀将饭粒往叉背上推放……因为，用叉子或餐匙铲任何食物都被英国人视为没有教养的行为。所以，英国人重视餐桌礼仪胜过对食物口味的追求。

TIPS

- 英国人请客，点菜决不铺张，够吃即可；若菜少了，你尽管提出再加，他会很乐意的。
- 英国客户一般不轻易宴请来访者，如果要为你设宴，那就说明他对会谈表示满意，或者是愿意与你进一步交往。你要客套一下“不麻烦了吧”或“不用破费了吧”，他绝不会再说第二遍请字，因为他认为你这是拒绝了他。
- 如果欧美人问你吃好了吗，假如你没吃但又想客套一下的话，那你就饿着吧。

礼仪小百科：伴随英国人生活的红茶

红茶与英国人朝夕相处，从清晨的一杯Early Tea，到午餐后的Midday Tea，再到下午三四点的Afternoon Tea，最后是就寝前的After Dinner Tea，显示了英国人对茶的热爱，会发现他们在喝茶过程中流露出的严谨态度。英国人喝名茶前会谨慎地取出喝红茶所应配备的器具，并端放在蕾丝手工刺绣桌巾上。这些器具包括茶叶罐、瓷器茶壶（视招待客人的数量而定，有两人壶、四人壶、六人壶之分）、糖罐、奶盅瓶、沙漏、木制托盘等。

（图为Harrods英国伦敦标志礼品红茶铁罐）

通常茶杯杯口圆而宽广，可将红茶优雅的香气扩散出来。当然还会有一盆鲜花和甜点作为点缀。

在无数的英国文学和英国电影里，下午茶是一道永不消失的风景——被教养长期浸润的绅士淑女们在喝茶时优雅的举手投足、一颦一笑间，体现出英国人赋予红茶华美的品饮方式，形成了内涵丰富的红茶文化，成为英伦文化重要的组成部分。

数以千杯的锡兰茶使报馆充满活力。

——蒙妮嘉·狄更斯（英国著名作家狄更斯的孙女）《轮到我泡茶》

英国有各种花式红茶：热饮的皇家红茶、热奶油茶、锡兰奶茶、伯爵奶茶、英式奶茶，冷饮的冰红茶、茉莉蜜茶、薄荷茶等。随着时代的演变，人们的生活节奏不断加快，压力也随之而来，为了适应现代商务人士简约、减压的生活方式，1706年在伦敦创立的英国TWININGS公司推出了没有咖啡因的袋泡花茶，其中洋甘菊花茶和玫瑰花茶最受女士欢迎。洋甘菊花茶可以舒缓情绪，镇定心境。玫瑰花茶淡淡的酸味和怡人的香味，使人拥有美丽的心情。

3. 了解中西方文化的差异

Q3 在美国，你被邀请参加圣诞派对，大家互相交换礼物，收到礼物时你的做法应是？

- 拿到礼物后随手放在一边，准备回家再看。
- 拿到礼物后拆开包装，并面露笑容，向对方表示感谢。
- 拿到礼物后拆开一看，不喜欢，一言不发。

故事：遭人误解的小菲

在一个仲夏夜，我在日本的温泉旅店偶遇了一位留学美国的秀外慧中的姑娘，我们一见如故，相见恨晚，我喜欢叫她小菲。和我一样，她喜欢一个人背起行囊，穿着牛仔裤行万里路。在温泉池里，她娓娓道来了这么一个故事：

“那是我高中毕业去美国留学后的第一个圣诞派对，我受导师邀请，派对在他家举办。当天我很兴奋，穿上了压在箱底平时没机会穿的小礼服，带着礼物，兴冲冲地来到导师家。那晚共有十位大人和五位小孩参加，还有一位扮演圣诞老人。每个人都把自己的礼物放到圣诞树下，整棵圣诞树晶莹闪烁，照耀大厅。

平安夜的钟声响了，只见圣诞老人伴随着音乐出现在宾客面前，众人立刻雀跃欢呼，孩子们显得急不可待。圣诞老人随手在圣诞树下拿起第一份礼物，念到名字的人要上去接受，并向赠送的人表示谢意，然后当面打开，欢呼雀跃，接着分发第二份、第三份……当叫到我时，我的心跳猛然加速，满脸通红，拿起后就低头用只有自己听得到的声音道谢后就慌张地跑回座位。我能想象整房宾客看到我没拆开礼物包装时的表情，能想象送礼物的朋友误解我是否不喜欢这份礼物的心情。尽管导师了解我，知道我性格比较内向，还不习惯拿到礼物时大声致谢，但回想起来还是觉得很难为情。”

（图片摄于日本奥汤河原温泉）

小菲羞答答地讲完故事后，出于好玩，我们演绎了双方同是中国人时可能会出现的情景。

小菲：小小意思，不成敬意，让您见笑了（把礼物呈上）。

本人：你这是什么意思（把礼物推开）。

小菲：没啥意思，一点心意。

本人：大家都是好朋友，不要客气了。

小菲：一点小意思，没别的意思。

本人：那怎么好意思。

小菲：意思意思。

本人：那就不好意思了（收下后放在一边）。

结束，皆大欢喜，双方心领神会。

文化的含义博大精深，诗、书、画、唱，包罗万象。饮食文化、健身文化、笔墨文化、诗歌文化等，除了实用的狭义范围，只要带上思想，就属于文化范畴。这里面可谓乐趣无穷。

中国文化：农耕文化，内敛，内耗，崇尚含蓄。农耕文化是自我完善、自给自足的文化，基本上不带有侵略性。农耕文化虽然曾经受到破坏，但一直延续至今，是有强大生命力的。中国文化弘扬和谐、中庸，其重要内容是思想文化，它是中国文化的精神命脉。思想文化主要是儒道释三家。儒家文化的代表人物是孔子和孟子，佛家文化主要是禅宗，道家文化的代表人物是老子和庄子。这三种文化分别教会了我们如何处理自己与他人的关系，自己与自己的关系，自己与自然的关系，在人与人、人与社会、人与自然的和谐中把握自己的本真精神。中国人讲缘分，但“缘”这个字在外文中是翻译不出来的。中国人的人情味要比西方人浓，互相之间的纽带要比西方人强。

西方文化：海洋文化，向外扩张，崇尚肌肉型的英雄主义，也强调感恩和追求个人幸福。

西方人重视个体，如意大利客户一行来贵公司访问，你问他们喝什么，有人会说矿泉水，有人会说卡布奇诺咖啡，有人则要浓缩咖啡，各不相同。西方人认为说“随便喝什么”是对主人的不尊重，他们无法理解中国人站在他人立场考虑的好意，客随主便是出于对主人的尊重，万一自己点的饮料没有了岂不是会让对方难堪！

东西方文化的差异因每个人的成长背景、价值观念、生活方式、立场不同而有不同的判断标准，在这里就不一一展开了。所以，当要对文化作类似的比较时，除非像辜鸿铭、铃木大拙、钱钟书等精通中西方文化的学者，方可看到真正细微紧要的差别。

和而不同，学习倾听不同声音，让自己保持对异文化的好奇心和包容心。

（1）中西方对财富观认知的差异

Q4 你和久违的瑞典朋友见面，你的话题应是？

- 关心他最近生意如何，是盈利还是亏损。
- 问他房子买了没有，价位多少。
- 聊聊各自的家庭，最近一次有趣的旅行，看过的一本书等。

故事：爱打听爱点评的小张

在一个风和日丽的初夏夜，我在瑞典哥德堡一个朋友家里，初次遇见了来自国内的小张。小张身姿挺拔，相貌堂堂，且嘴巴甜，一看就是在国内很讨人喜欢的类型。但就是这么活泼、热情的一位女孩，却遭遇了我朋友彼得的“沉默”打击，自此彼得就再也没有邀请小张参加过他家的派对。原来，那天小张一到彼得家，就好奇心发作，先是边抚摸客厅的家具边打听：“这套家具什么年代的，买来多少克朗？”还问我折合人民币多少钱，接着边看墙上贴的照片边评论：“这身边的女人是你太太吗？那个小孩是谁？长得像混血儿。”之后她边快速走上楼梯边说：“参观参观，这套房子在上海买肯定比这里贵好多。”我看见平时很少生气的彼得整张脸沉了下来，但小张还是兴致勃勃地评论：“这套餐具不错”，“这只红酒杯的脚很高”，“这块牛排煎得到位”等。总之，在两个半小时的派对上，小张点评了彼得家几乎所有的硬件。

（图为瑞典哥德堡AVENYN步行街一景）

中国人普遍会任劳任怨地为后代积攒财富，把自己的财产留给子女，以便让子女衣食无忧。

西方人见面时互相不谈论金钱，不攀比，不打听私事。人们普遍认为每个人都是帮上帝管理财富。

观点

不要为了做墓地里的富人而活。

(2) 中西方思维方式的差异

Q5 你在和欧洲商业伙伴开会时觉得他们提出的方案不符合中国国情，这时你的做法是？

- 观点鲜明地指出。
- 默然不作声。
- 觉得直截了当地指出后可能对方会没面子，就含糊其辞。

故事：会议中支支吾吾的袁部长

（图片为瑞士日内瓦一景）

袁部长在一家贸易公司工作，商业伙伴遍布全世界。袁部长善解人意，凡事站在对方的角度着想，这令他赢得了同行、同事和客户的好人缘。但就是这么一位善良的袁部长最近也感到压力很大。事情是这样的，有一次袁部长在和欧洲商业伙伴开会时，觉得对方提出的方案可行性很低，因为根本不符合中国国情，但袁部长心想要是当场否定这方案，对方可能会没面子，所以就支支吾吾，欧洲客户见袁部长没有提出异议，以为他赞同了。结果袁部长冒着亏损的风险实施了方案，招致领导不满，员工牢骚满腹，导致士气下降，以亏损告终。

中国人的特点：善于把握整体，注重平衡，习惯从整体中看个体，表现在直觉的、综合的、合一的、非体系的、独断的、主观的、群体心理等。

西方人的特点：喜欢化整为零，注重分析，习惯从个体中看整体，表现在逻辑的、分析的、归纳的、体系的、民主的、客观的、自我中心等。

东方的思维模式是综合的，它照顾了事物的整体，有整体概念，讲普遍联系，接近唯物辩证法。用一句通俗的话来说就是，既见树木，又见森林，而不是只注意个别枝节。西方的思维模式则是分析的。它抓住一个东西，特别是物质的东西，分析下去，分析下去，分析到极其细微的程度。可是往往忽视了整体联系。

——季羡林

（3）中西方不同的饮食文化

Q6 你觉得吃饭应该注重以下哪方面？

- 营养。
- 味道。
- 色泽。

故事：一顿豪宴吓走丹麦商人

经营医疗器材的顾医生和我是忘年交，每次和他倾谈，都胜读几年书。有天下午，在衡山路的咖啡厅，他讲了这么一个故事：

那是招商引资盛行的年代，有一天，顾医生和丹麦医药公司的代表去了某县城，应邀考察合资办药厂事宜。晚上，招商办公室领导率全体工作人员为我们接风。坐上餐桌，寒暄一番后，招商办主任就和翻译说：“小李，和这位丹麦朋友说，丹麦人民是中国人民的好朋友，为了热烈欢迎他的到来，我特意吩咐厨师杀了一条鱼，刚才还活蹦乱跳的；杀了一只鸡，早上还在叫呢；还有，杀了一条剧毒七步蛇，越毒越补。对了，问他敢不敢尝尝狗肉……”当听到主任说餐桌上的食物是活杀的时候，顾医生很想阻止他，但主任兴高采烈，唾沫横飞，正得意地向丹麦商人炫耀着，没有在乎任何人的眼神。

可想而知，这位素食主义者听到杀生时候的表情，听到眼前的人为了满足食欲居然屠杀人类的朋友狗时对这县城的文化开始重新认识。整个晚上他只吃了些蔬菜和炒饭，当然，道不同，不相为谋，建厂一事也无需再谈。

● **饮食观念差异**

中国：感性饮食观念，讲究色、香、味、形。中国饮食之所以有其独特的魅力，关键就在于它的味。而美味的产生，在于善用各种调味料来调和。

西方国家：理性饮食观念。不论食物的色、香、味、形如何，营养、卫生及安全一定要得到保证，讲究一天要摄取多少热量、维生素、蛋白质，食品来自哪里、保鲜程度如何等。即便口味千篇一律，也一定要吃下去——因为对身体有帮助。

● **饮食方式差异**

中式：筵席要用圆桌，这就从形式上造成了一种团结、共趣的气氛。美味佳肴放在一桌人的中心，它既是大家欣赏、品尝的对象，又是互相感情交流的媒介物，符合中华民族“大团圆”的普遍心态。

西式：宴会的目的在于交流，通过与客人之间的交谈，达到互相了解和信任的目的。吃不是最终目的，所以食物和酒是作为道具陪衬的。

（4）中西方不同的见面礼

Q7 你在跑步的时候遇见同一小区的澳大利亚人，这时你的做法是？

- 继续向前跑，视而不见。
- 微笑着说声“Hi，早上好”。
- 停住脚步，寒暄。

故事：看到外国邻居扭头就走的丽丽

我非常喜欢去好友丽丽（化名）的别墅，只要有时间，总会去住上两三天，就算什么都不做，坐在那里欣赏四周的环境，视野里充满清新的鲜花和绿叶，感受远离喧嚣的意境，也非常惬意。

（图片摄于风和日丽一号店）

有天清晨，丽丽被我叫醒一起去跑步，迎面跑过来一位外国人，见到我们后便放慢脚步，微笑着说：“Hi，早上好。”只见原本带着睡意的丽丽仿佛想躲避对方，一下子变得很精神，加快脚步从这位外国人身边走过。我问她怎么回事，她说："我不懂英语，万一他停下来和我对话，那我该怎么办啊？"看着丽丽直爽地道出困惑，我一下子不知说什么才好。接着，她说："他是住在我们小区的澳大利亚人，这里有很多外国人，每次擦身而过时都会和我打招呼，我也想问候他们，虽然简单的问候语我都会，但万一他们问起其他事情，我就不知道怎么回答了，所以每次经过他们身边就假装没看见。"可爱的丽丽，她忘记了我和她说过西方人在和对方擦身而过时都会互相问候，但仅此而已，不会过问任何私事。

中国人：热情好客，在人际交往中饱含热情，问寒问暖，似乎没有什么可保留的，对于了解有关年龄、职业、收入、婚姻状况、子女等问题，觉得都理所当然。而在国际交往中，应当重视对方的隐私权。个人隐私主要包括个人状况（年龄、工作、收入、婚姻、子女等）、政治观念（支持或反对何种党派）、宗教信仰（信仰什么宗教）、个人行为动向（去何种地方，与谁交往、通信）等。凡是涉及个人隐私的都不能直接过问。

西方人：一般问候时只说Hello或Hi，加上早上好、下午好或晚上好。

观点

当对方进入你的视线范围时，不问候就等于视而不见。

（5）爱用叠词的中国人和忌讳使用叠词的美国人

Q8 上司美国人表扬你了，这时你的回答是？

- 重叠地说：谢谢，谢谢，谢谢。
- 谦虚地说：我没干什么。
- 只说一遍：谢谢您。

故事：连说"谢谢"惹怒美国上司

小李的上司约翰是个幽默的美国人，总是笑呵呵，因为喜欢吃棒约翰比萨饼，所以大家都称他棒·约翰。有一天，小李和我说，约翰警告他要是再这样说话就把他开除。我知道约翰几乎不生气，小李是怎么得罪他了呢？原来约翰说每次他吩咐小李做事的时候，小李总是连声地回答“OK，OK，OK”。而每次他批评小李时，小李又连声地说“sorry，sorry，sorry”，最让约翰受不了的是每次小李赞同他的观点时老是“Yes，Yes，Yes”，这样约翰感觉小李是在嘲笑他，要是小李心悦诚服的话，只要说一遍“Yes”就可以了。

中文：中文是一门讲究语感和写意的语言，喜欢用叠词来表示感情。

英文：英语是一门讲究逻辑和结构的语言，重叠词意味着不耐烦，嘲笑对方。西方人的思维是一句话只要说一遍，无需重复。

例如：寻寻觅觅，冷冷清清，凄凄惨惨戚戚。 ——李清照的千古绝唱

若译成英文，读来就少了些韵味：

I' ve a sense of something missing I must seek.Everything about me looks dismal and bleak. Nothing that gives me pleasure，I can find. ——徐中杰译本

Seeking，seeking，chilly and quiet，desolate，painful and miserable.

——杨宪益夫妇译本

I look for what I miss; I know not what it is. I feel so sad，so drear，so lonely，without cheer. ——许渊冲译本

（6）中西方对准时标准的差异

Q9 你迟到了，到英国导师家里时你的做法应该是？

- 进门就找借口，说自己原本不会迟到。
- 若无其事，装做什么也没发生。
- 说声“对不起”。

故事：迟到后找借口的小留学生

有位朋友的儿子，被导师邀请去家里参加生日派对，那天他迟到了，一进门就开始大找借口，“出门时接听了一个重要的长途电话，我原本想挂机，但对方一直

讲，”“刚来美国，路还不熟”等等，没有任何歉意。原本对他印象不错的导师，因为此事觉得他连基本的教养也没有。听到这个故事后我想起了在洛杉矶幼儿园看到的礼仪从娃娃抓起的一幕。那天下午，我提前去幼儿园等小侄女，到了教室，看到孩子们三四个人一组结伴在购物，原来是在进行角色扮演，有人扮爸爸，有人扮妈妈，有人扮孩子，超市就如图中所示，蔬菜水果等（摆设品）一应俱全，每个家庭选好后把食物放在篮子里就到收银台结账。在这个过程中，老师会时时检查大家有无守秩序，有无礼让，有无把“请”“谢谢”“对不起”挂在嘴边。我正看得入迷时，只见一组家庭（称为甲组）的“孩子”在挑选水果时抢了另一组家庭（称为乙组）的苹果，导致乙组“孩子”哭闹并向“爸妈”告状。老师见此情况，先抱起正在哭的孩子，然后让甲组道歉。一开始甲组的“孩子”不肯说，贴在“妈妈”身边，但是老师执意要他说，而且一遍遍地告诉“孩子”道歉的理由，这中间，扮演双方父母的孩子们是不允许插嘴的。终于，甲组的“孩子”看到“爸妈”不帮他，其他孩子都在等待着他，就面带歉意地向乙组的“孩子”道歉了。

（图片摄于洛杉矶幼儿园）

其实碰到以上这种情形全世界的孩子都一样会哭会闹，只是父母和老师应对的方法不同，而不同的应对也塑造了孩子不同的性格：是有教养还是蛮横无理；是有他人意识还是唯我独尊。

若早到最好不打电话，要想到对方可能临出门前时间紧张，需要化妆等；但预感会迟到的话一定要提前打电话告知对方，以免让对方干等。不要以为比约定的时间晚到10分钟就不算迟到，迟到后一定要直截了当地向对方道歉。

教养与教育同等重要。

（7）中西方对守秩序标准的差异

Q10 你在瑞典的一条乡间小路上过马路，遇到红灯时你的做法应该是？

- 看看左右没人就直接闯过去。
- 边闯边笑瑞典人傻，喜欢干等。
- 等绿灯亮再过去。

故事：不闯红灯的瑞典人

多年前，我走在瑞典的一条乡间小路上，四周郁郁葱葱，静寂如林，一路绿灯仿佛为我而开，我欢快地哼着小曲，正要过一条马路时，身边突然出现一位八旬老太太严肃地指着红灯说："请等绿灯亮再过去。"当时我觉得这位瑞典老太太过于认真了，又没车过来，闯过去不就得了。但过了一段时间后，我也入乡随俗了，就算身边没人没车，也会驻足。

（图片摄于瑞典）

遇到红灯时不要泛起急躁情绪，自觉遵守秩序，不管周围有无人和车，都应耐心等候。

（8）中西方感情表达方式的差异

Q11 假如你的丈夫是法国人，他为正在看杂志的你端来咖啡，这时你的做法是？

- 仍然低头阅读，一声不吭。
- 边阅读边说："好，放着吧。"
- 抬起头，微笑着说："谢谢，亲爱的。"

故事：频频致谢让父母感到见外

刚从国外回国时，每次到父母家吃完饭后，我都会说："爸妈，谢谢，很好吃。"但父母总说："自家人还说什么谢谢，爸妈看到你胃口好就开心，以后别假客气啦。"但每次我总记不住，当父母烧好菜后，我又会脱口而出："谢谢爸妈。"当然又会引起爸妈的解释："自家人，还说……"好多次去好友家吃饭，也会遭遇被误认为是"虚伪"的尴尬局面。

中国人：在家族成员之间很少用"谢谢"。如果用了，听起来会很别扭，或觉得相互之间有了距离。

西方人："Thank you"几乎用于一切场合，所有人之间，即使父母与子女，兄弟姐妹之间也不例外。送上一瓶饮料，准备一桌美餐，对方都会说一声"Thank you"。

观点

含蓄是中国人的美德，但也要掌握度。亲人之间也应该适度地把感谢之情表达出来。

9　中西方对听到赞美时回应的差异

Q12　你穿了一件飘逸的连衣裙，朋友赞美说"好美，很适合你"，这时你的回答应是？

- 谦虚地说："哪里哪里，随便穿穿。"
- 真诚地说："谢谢。"
- 说明一下："很便宜买来的，猜猜多少钱？"

故事：过分谦虚而招致反感的小林

小林（化名）是一位美丽的女性，但朋友不多，周围的人似乎觉得她不够大方，很做作，令小林很苦恼。有一天，她说想和我聊聊。那天，我边品茶边听她叹苦经。原来大家反感她，是源于她的过分谦虚。小林说："有一次，我把自己认为很美的照片登在微博上，就有博友来点评，无外乎'美丽''身材好''有气质'等。"于是她回复了"哪里哪里，其实我一点不美""我最近还胖了些"等。

又有一次，小林穿了一件自己很喜欢的连衣裙出席公司的聚会，当有人说："哇，小林，这件裙子好飘逸，你穿很合适，像定做一样。"她回答："是吗？随便穿穿，很便宜买来的。"这时对方也不知道再说什么了。

从谈话中，我了解到每次别人赞美小林时，她都会反复强调，说明自己没有他们赞美的那么好，而内心却沾沾自喜。其实这是内心不够自信，缺乏安全感的外在表现。

中国人：在听到别人赞扬时，往往否定对方的赞美词，贬低自己一番。中国人请客时，无论菜多么丰富，总是谦逊说"今天没什么好菜，随便做几样"。本是友好的客套话，可西方人听了，会认为你不做好菜招待我，可见没有诚心，同时也说明你不尊重我。

西方人：一般没有贬己尊人现象。他们听到赞扬后往往表示高兴并如实地说出自己的感受。

TIPS

欧美人反感你说他白白胖胖，见人说"fat"会令人沮丧不快。而中国人见了小孩子说"胖嘟嘟""胖乎乎"，表示对孩子的喜爱，对成年男子说"fat"有"发福"之义，对成年女子讲"fat"有"丰满"之义，都有赞美恭维之意。

观点

坦然地接受赞美。

（10）中西方对“老”的感受差异

Q13 在悉尼的圣诞舞会上，你看到一位年逾花甲的男士在跳迪斯科，你需要和他交流，这时你应该说？

- 老先生，您这么大年纪还跳劲舞啊？
- 没想到您这么大年纪比小青年还厉害。
- 真棒！可以传授下技巧吗？

故事：在悉尼圣诞舞会上的尴尬

有一年圣诞节我在澳大利亚的悉尼度过，在那晚的圣诞舞会上我跳了很多舞，至今记忆犹新。不过，在舞会上却碰到了一件尴尬的事。在我附近有一对拥有丝丝银发的老年夫妻不停歇地跳着，看上去气质高贵。当我跳到气喘吁吁时，他们都会淡定地给我一个微笑。正巧，我去喝水休息时又遇到那对夫妻，我们不约而同地交谈起来，先是寒暄，接着我好奇地问：“今年贵庚？真是比年轻人体力还好，跳这么久不累吗？”大家可想而知，接下来我尴尬地站在那里的感觉。

（图片摄于悉尼大桥）

中国人：历来就有“尊老敬老”的传统。“老”在中文里表达尊敬，如老祖宗、老爷爷、老先生、老师、老教授等。“老张、老王”透着亲热，“张老、王老”更是尊崇有加。中国人往往以年龄大为荣。和别人谈话时，年龄越大，资格越老，也就越会得到别人的尊敬。“姜还是老的辣”，在我们看来，长者不仅是智慧的化身，也是威望的象征。

西方人：极少有人愿意倚老卖老而自称“old”。在他们看来“old”是“不中用”的代名词，是和“不合潮流”“老而无用”的含义连在一起的。在西方文化中，他们把年龄作为个人极为重要的隐私看待。尤其是女士，更忌讳别人问自己的年龄。即使愿意谈论自己的年龄，也要别人猜测其年龄。

西方人讲实岁，假如他是1950年1月1日出生的，你在2011年12月30日问他年龄，他会回答是61岁，因为离他62岁生日还有1天。

TIPS

本篇所提及的“文化”不仅是指一个社会中城市的企业、学校、商店等硬件设施，而且还包括这个社会的制度、风俗以及生活在这个社会中个体的思想、信仰、习惯、语言、家庭模式等非物质的软性产物。简单地说，知识不同于文化，文化指的是一个社会的整个生活方式，与“那个人没有文化”中的“文化”有所不同。

第二篇
无声语言左右第一印象

1. 在国际商务交往中留下美好的第一印象

√

×

Q14 你去参加一个同行沙龙分享行业经验，若见到的都是陌生人，你会对谁产生好感？

- 看见你进门就对你微笑致意的人。
- 看见你坐在他身边没有反应的人。
- 只顾和认识的同行交流的人。

故事：总能赢得客户好感的小刚

我没有直接和销售冠军小刚交流过，第一次听到他的名字是从朋友海伦口中，当时海伦对小刚赞不绝口。一个周末的傍晚，她说出了对小刚赞不绝口的理由："第一次认识小刚是在一个同行参加的沙龙上，回想起来，也是两年前了。那次沙龙是在一个四星级酒店举办的，因为我刚入行没多久，进门之后也不知和谁交流好，独自站着有点尴尬，正在这时，走过来一位男士，微笑着对我说：‘你好，我是×××公司的李小刚，这是我的名片，请多多关照。’我注意到当天他穿了一件浅蓝色的衬衫，笔挺的米色西裤，皮鞋擦得铮亮，干净利落，所以我对小刚的第一印象非常深刻，后来从其他同行口中得知小刚待人接物一直是彬彬有礼，言行举止大方得体，总是能赢得客户、同行、同事的好感。三个月前，猎头公司推荐我到现在的公司，上周在选择供应商会议上又见到小刚，这次他是代表公司来竞标的，他出色的外表、儒雅的举止、真诚的微笑加上专业的说明赢得了全场一致的认可。”

听到这里，我想其实小刚第一次见到海伦的时候并没有预料到海伦以后会成为他的客户，他也没有因为海伦是他的同行或客户而改变态度，始终不卑不亢，很恰当地把握了度。

树立良好的声誉，需要二十年的时间，而毁掉它，五分钟就足够了。如果你能考虑到这一点，你就会讲究礼仪了。

——沃伦·巴菲特

(1) 第一印象稍纵即逝却令人记忆深刻

Q15 第一印象的产生需要多长时间?

- 7秒。
- 1分钟。
- 1小时以上。

为什么有些小孩人见人爱？看看她们天真无邪的笑容就知道答案了。在待人接物中，第一眼让对方感受到你发自内心的微笑，一定会在接下来的交流中起着重要的作用。

第一印象中面部表情好感度提升要点：

口角往上，将笑容贯彻彻底：口角向上的笑颜是给人好印象的第一步，但是不习惯微笑的人口角不会自然向上，这需要加强肌肉的练习。

让眼睛也带微笑：眼睛的笑是和善表情的体现。眼睛是心灵的窗户，内心有爱，眼神就会柔和。

减少眨眼的次数：眨眼次数过多，让人感觉不踏实，会给别人留下内心慌张的印象。

让下颚的角度水平：下颚的角度不同，会给对方完全不同的印象。角度过上，给人过于骄傲的印象；太收缩又显得太自卑；水平的下颚角度给人以诚实之感。

减少舔嘴唇的次数：不断地舔嘴唇给人心不在焉的感觉。

（图为我的小侄女）

观点

当对方留给你第一印象的时候，你也传递给了对方第一印象。第一印象作为“先入观”，深刻地留存在人的记忆中。

（2）第一印象三大要素

Q16 第一印象的三大组成部分的比例分别是？

- 形体占55%，语音占38%，内容占7%。
- 形体占7%，语音占38%，内容占55%。
- 形体占38%，语音占7%，内容占55%。

心理学教授艾伯特·麦拉宾（Albert Mehrabian）指出，在人们进行交流的时候，有55%的信息是通过非语言传递的，如仪容、表情、手势等；有38%的信息是通过听觉传递的，如说话的语调、语气、音量等；剩下的7%来自纯粹的语言内容。

沟通的黄金定律：7%内容＋38%语音＋55%形体

人类学家雷·博威斯特（Ray Birdwhistell）是“动作学”（非语言交际）最初的倡导者。和麦拉宾一样，他发现，在一次面对面的交流中，语言所传递的信息量在总信息量中所占的份额不到35%，剩下的超过65%的信息都是通过非语言交流方式完成的。

TIPS

黄金定律告诉我们，在面对客户、员工、工作伙伴时，你不仅仅是一位商务人士，更是一名表演者，需要将所有因素有力地结合起来，才能达到最理想的沟通效果。

观点

在你未开口之前，就被自己的非语言形象所左右了。

2. 肢体语言管理——揭开无声语言的神秘面纱

Q17 你上台发言，台下坐着一百多名听众，这时你的仪态是？

- 挺直上半身，优雅地站立后环顾全场。
- 上半身曲背，低头看稿。
- 抬头看天花板。

故事：张总的“催眠术”

张总很喜欢开员工大会，因为他站在台上演说时，台下员工貌似认真听讲的态度令他很有满足感。但这只是他的一厢情愿，据员工透露，他们最怕开员工大会，因此只要张总一上台，他们就会心生抵触情绪。原来，张总演讲时一会把一只手插入裤袋（表示没有耐心），一会又将双臂环抱于胸前（表示防卫），一会微沉下巴（充满敌意的象征），说话也有气无力，演讲内容往往乏味不堪。每当他在台上“表演”的时候，员工就会昏昏欲睡。假如他敏锐地觉察到他的演讲令员工厌烦的话，他就会换个方式来打动员工的心。

（1）男士最佳站姿——站如松

从正面看，头顶、肚脐、脚跟成一直线。

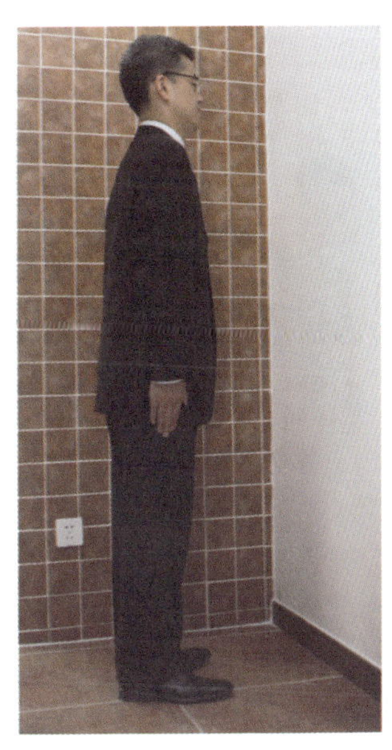

从侧面看，耳、肩、膝、脚跟成一直线。

站立时，两眼正视前方，下颌微微收缩，肩膀平直，挺胸，收腹，膝盖伸直，双手自然垂于裤缝边，脚尖处于同一水平面上，脚位通常有三种形式：

①两脚跟间有一拳头距离。

②脚跟并拢，脚尖成45度~60度角。

③脚跟之间距离与肩同宽。

NG 站姿

①垂头，含胸而站。

②双手交叉仰头而站。

③双手叉腰而站。

④背手而站。

⑤双手放裤袋加双脚交叉而站。

⑥身体倚靠在物体上而站。

⑦屈腿而站，双腿交叉而站。⑧双腿分得过开宽于肩膀。⑨全身抖动。

(2) 男士最佳坐姿——坐如钟

标准式：双目平视，上半身挺直，双肩正平，双膝并拢，双手平放在大腿上或轻轻握拳于双腿上。

前伸式：在标准式的基础上，两小腿前伸一脚的长度。

平行式：双腿分开，与肩同宽，脚尖处在同一直线上。

TIPS

永远不要让对方看见你的鞋底，坐的时候以鞋底示人是极不礼貌的。

NG 坐姿

①双脚分开宽于肩膀。

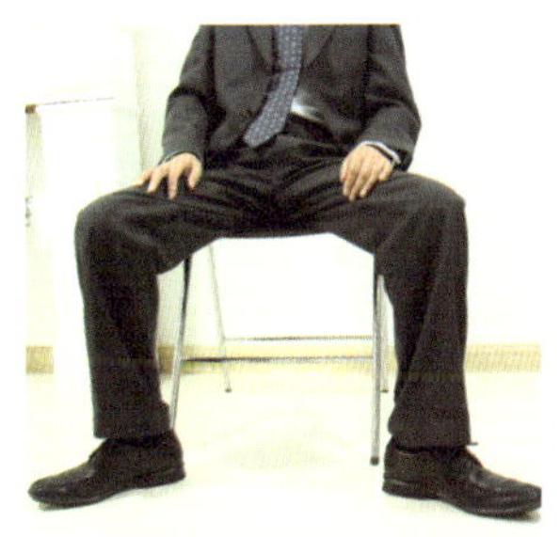

②双脚交叉搁在椅脚上。

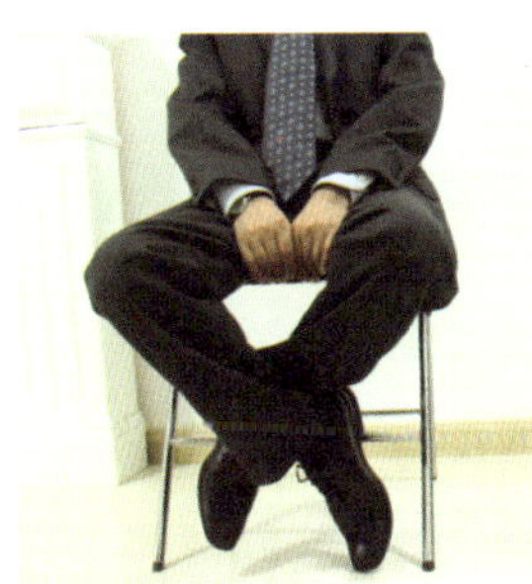

③跷二郎腿。

④滑进椅子，半躺半靠。似乎在传递一个信息：你对工作缺乏热忱。参加面试时一定要避免此种坐姿。

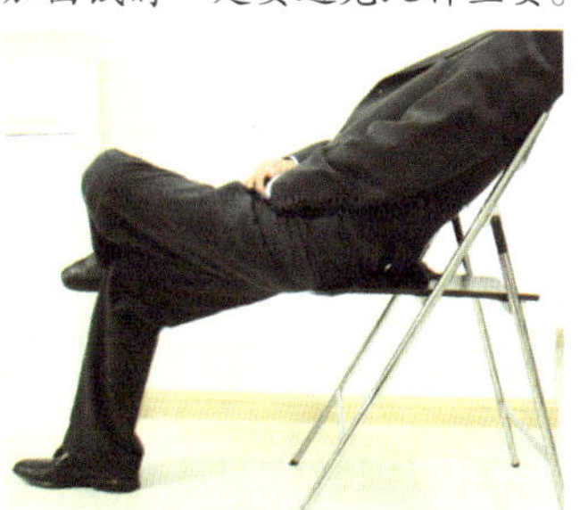

⑤双手放在腿中间。

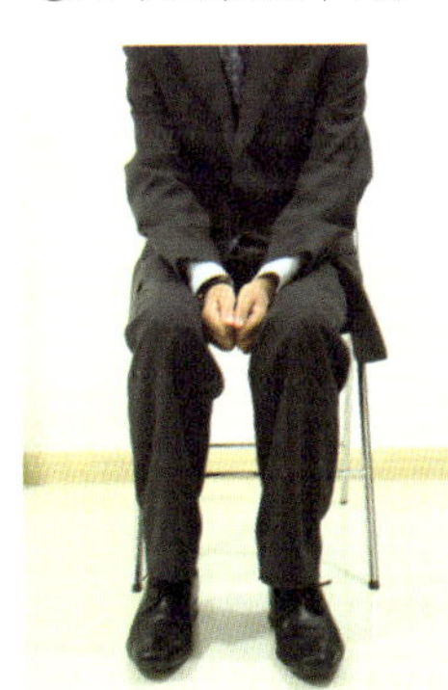

萎靡不振的姿态表明你缺乏信心，使你看上去疲惫、漫不经心或冷漠。如果站直了，看起来就更有精神。如果通过外表、行为和客户的关系，公司的职员能传达公司的价值，这个公司就是成功的公司。

——摘自管理学家菲利普·怀特德著作《公司形象》

（3）女士最佳站姿——努力营造娴静的韵味

正面看：头正，肩平，身直。双臂自然下垂，两脚跟并拢，脚尖张开约30度，身体重心落于两脚正中，也可以用丁字步站姿。

侧面看：含颌，挺胸，收腹，直腿，开肩。

（4）女士最佳坐姿——端庄淑雅

挺胸，收腹，保持背部挺直，双肩平正，将重心移至腰部及臀部后缓缓坐下，坐满椅子三分之二。

双目平视，下颌微收。

双臂自然弯曲，双手掌心向下，右手扣左手，置于腿部。

双脚、双膝自然并拢，双脚尖向正前方或交叠。

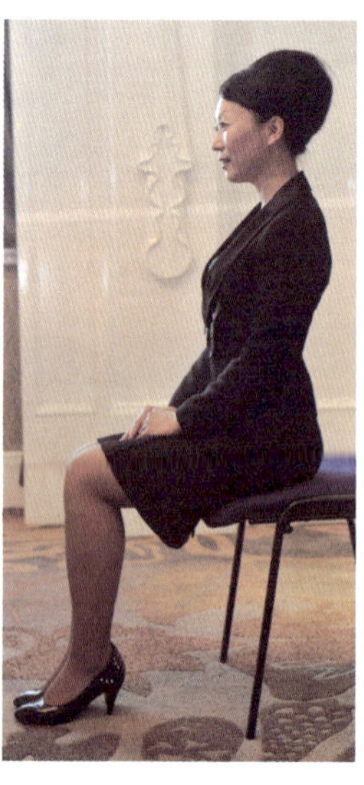

(5) 女士入座分解动作——款款而落座

Step1 从座椅的左侧入座。

Step2 右脚迈向座椅的中线，身体重心在左脚上。

Step3 左脚随即跟上，身体重心移至右脚。

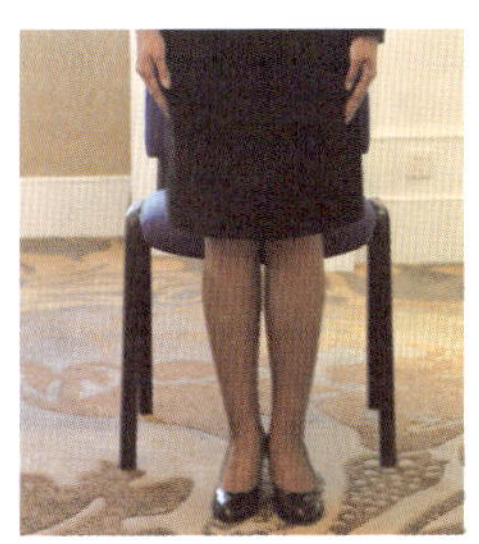

Step4 双脚立正在座椅前。

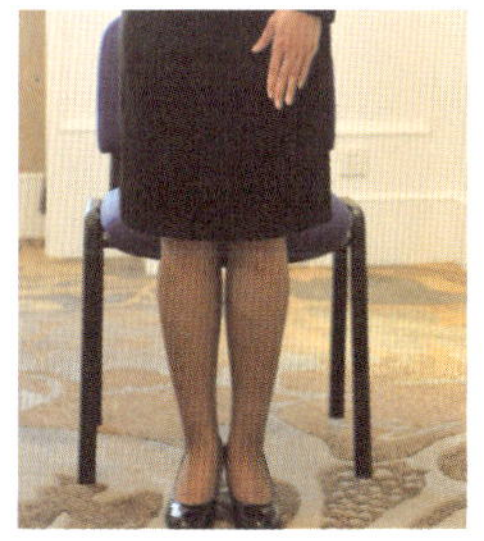

Step5 右手至身后轻抚裙边，左手放至左腿。

Step6 双手一边梳理裙边一边双脚、双膝并拢沉稳地坐下。

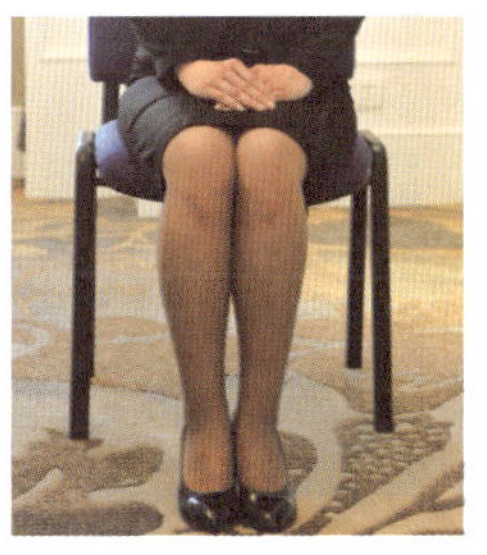

Step7 坐稳后，右手扣握左手置于离膝盖15厘米处，身体背部和椅背保持在两个拳头的距离，收腹挺胸。

(6) 女士坐姿可变化动作

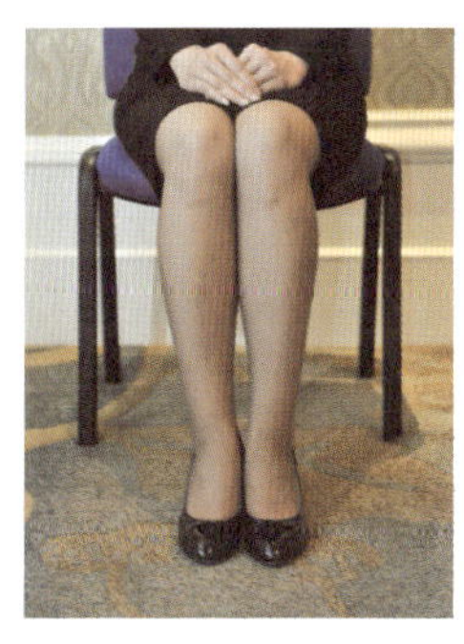

双膝并拢。

左脚前于右脚半步，双脚方向一致。

双脚、双膝自然并拢，双脚尖向左前方交叠。

双脚、双膝自然并拢，双脚尖向正前方交叠。

NG 坐姿

①外八字。

②内八字。

③跷腿时两腿没并拢。

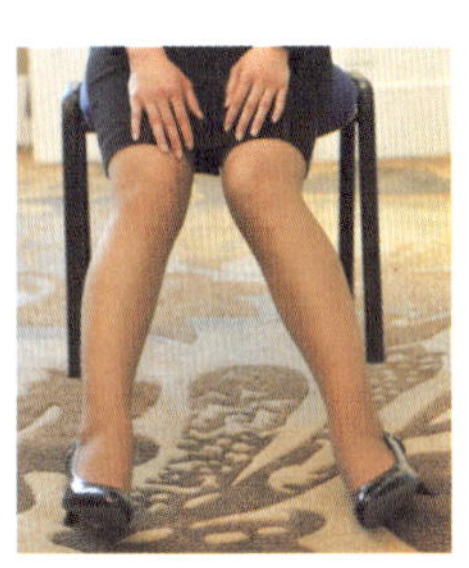

④两腿过于张开。

（7）女士行姿——永远挺直你的上半身

关键点：走直、走高、走稳。

头顶像有一根线拉着的感觉来行走。

收腹挺胸，跨步均匀，两脚左右之间相距一只脚到一只半脚。

两手前后自然微并、前后协调摆动，手臂与身体的夹角一般在10度~15度。

步子大小的变化：根据自己穿着的不同，走路方式也需稍加变化。如果是穿裙子的话，步子可以迈得小一点，优雅地走；如果穿裤子的话，可以迈开步子飒爽地走。

克服内八字和外八字的诀窍：用夹着一张纸的感觉来走。

（8）优雅的蹲姿——掌握重心

最常见的是高低式蹲姿，要点是左脚在前，右脚稍后，两腿靠紧向下蹲。

分解动作：

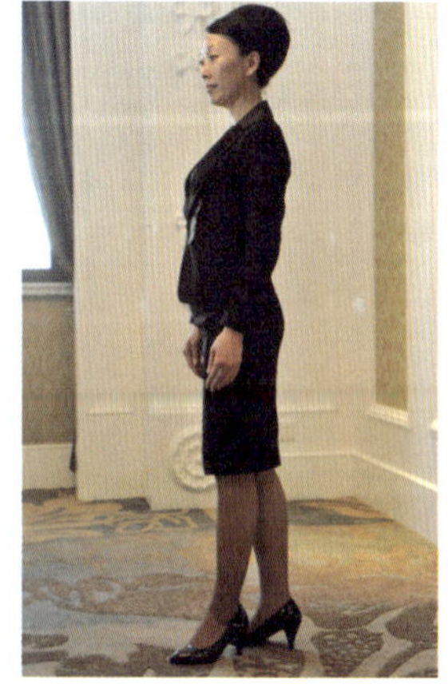

Step1 在站姿的基础上，上半身保持正直。

Step2 膝盖弯曲使整个身体下移，臀部自然下沉。

Step3 大腿内侧紧并，双膝一高一低，左脚全脚着地，右脚脚跟提起，脚掌着地，脚跟提起。

Step4 从身体的侧边去捡，就像图中的这位女十一样，看上去非常得体。

NG 蹲姿

物品掉在地上时，不能直着双腿，弯下腰去捡。因为这样会导致臀部翘起，很不雅观，而且穿裙子时也容易走光。

（9）鞠躬礼分解动作——有礼在心头，慢慢抬起头

Step1 在站姿的基础上，以胯部为轴前倾身体，保持上身正直。男士双手贴于两腿外侧，女士右手握左手自然下垂置于腹前。

Step2 头部、背部、臀部成一直线，面带微笑，停顿2~3秒，根据需要前倾15度、30度或45度。

图为15度鞠躬礼。15度是将上半身向前倾斜15度，这种姿势适用于同事之间的问候。

图为30度鞠躬礼。行30度鞠躬礼时，是将上半身向前倾斜30度，这种姿势适用于迎送客人时的问候。

深度敬礼，从角度上讲，是将上半身向前倾斜45度，这种姿势通常用来向对方表示深深的感谢或歉意等。

Step3 把致谢或道歉的话语说完后，缓缓抬头，注视对方，停顿3秒。

TIPS

话说完后停顿一下，然后慢慢抬头，给对方以真诚的印象，若话没说完就抬起头，会显得毫无诚意。

(10) 女士转身仪态——切勿头转身不转

在丁字步站姿的基础上，扭转肩部90度或180度，再轻转头部。注意将头和身体同时转向对方。

NG 女士转身

只是扭转头部，上半身不转动。

（11）手势礼仪的应用——了解手势和心理之间的关联

每一个手势都向外界传递着一个信息。例如，一个觉得自己肚腩太大的男士会下意识摸肚腩，意在遮盖自己的大腹便便；一个认为自己大腿过粗的女士会不断整理自己下装；一个需要别人爱怜的女人会时时抚摸自己的头发，等等。在商务场合，手势宜少不宜多，点到为止。

- **持物手势要点**

递物接物用双手。

等对方拿稳后再放手。

递接带尖、带刃等物品，应把正面朝向自己，同时提醒对方。

- **展示物品手势要点**

无论是什么样的展示，角度一定要方便对方观看。

把物品捧到对方面前展示的时候，一般是双手捧住物品，高度在客户胸前的位置。

应离客户有一定的距离，动作平稳缓慢。

NG手势

用手指指人或物，单手递，双手抱头，摆弄手指。

观点

当你管理好自己的言行举止之后，就无意中增加了你的影响力、信服力和完成事情的能力。

礼仪小百科：手势所传递的信息

- 大拇指向上伸出——中国：表示胜利、佩服；欧洲：代表数字1；日本：表示男人、数字5；澳大利亚：表示坐在这儿；希腊：去你的；德国：搭便车的意思。
- 拇指向下——一般都表示品德不好或不成功。英国、美国：表示不同意；法国：表示死了；印度尼西亚、缅甸等国家：表示失败。
- 伸出中指——菲律宾：表示愤怒、轻蔑；美国、法国、新加坡：下流；沙特：表示恶劣行为或极度不快。
- 向上伸食指（切忌不能指向别人）——中国和西方国家：表示数字1；法国：学生请求发言；缅甸：表示最重要；日本：表示最优秀。
- 小指伸出——日本：表示女人；韩国：表示女朋友；法国：你不能愚弄我。
- 食指弯曲——中国：表示数字9；日本：表示小偷；印尼：表示心肠坏；墨西哥：表示金钱。
- 用拇指和食指搭成圆圈——日本：表示金钱；美国：表示OK；法国：表示零；土耳其、巴西：带有强烈的侮辱性。
- 用手指敲桌面或笔在纸上乱画——无兴趣。
- 双手插入口袋，只留拇指在外——处于优势地位，高人一等。
- 双手背在身后——权威，力量。
- 手臂交叉——表示我防范你，对你有戒心。
- 双手抱臂——属于阴性的动作，男士禁忌。
- 摸茶杯——表示没耐心听下去。
- 握拳——表示决心、愤怒或不满。
- 用手支头——不耐烦或厌倦。
- 捏弄手指——内心紧张。
- 摸鼻子、脸，揉眼睛，捂嘴，拉衣领——说谎，犹豫。
- 摸座椅扶手——我真想站起来走了。
- 一只手搭在另一只手上，双手撑住下巴——对面的男性让自己心动了。

- 尖塔形手势——自信，胸有成竹。

课后练习——3分钟练就优美姿势

一个优美的姿势就能为你赢得高分：背靠墙壁，让我们一起尝试着去打造理想的姿势。

头、肩膀、臀部、小腿肚、脚后跟都紧贴墙壁站立。

腰部与墙壁保持一个拳头的距离。上半身保持挺直，头部向上伸展，想象着好像头顶有一根线在将你往上拉。

收腹，挺胸，落肩，下巴微收，眼睛看前方。上臂略向上抬起并夹紧身体。

可在墙上吊一个气球，每当挺胸抬头的时候，头顶则刚好能碰到它。

TIPS

- 当你来到一个陌生的国度后，要尽量减少肢体语言的使用，直至你熟练地掌握了当地人使用无声语言的奥秘并运用娴熟自然为止。
- 着裙装时，用手轻掩裙边，以防走光。
- 鞠躬礼在日本常用。位卑者先鞠躬，鞠躬的角度大且停顿的时间长。鞠躬前，务必要擦亮你的皮鞋，因为在鞠躬的时候，双方都会看着彼此的鞋。

3. 眼神管理——眼神传递了你的内心世界

Q18　以下哪种眼神表示对对方的尊重？

- 目光平视。
- 抬头，视线向下。
- 低眉偷视。

在我们和别人边交流边双目相视时，有人会带给我们舒适的感觉，有人令我们不安；有人让我们有愉快的感受，有人则令我们难受；有人令我们对他产生信赖感，有人令我们对他反感。这些感觉的产生都是从眼神开始的。

● 凝视角度

仰视：头微微抬起，视线向上与对方进行目光接触，表示景仰对方。

俯视：下巴微微低下，视线向下与别人进行目光接触，这是一种轻视对方的标志，会令对方产生不被信任和不被重视的感受。

正视：头摆正，目光平视，面带微笑，这种目光透露出的是坦诚和信任，平等和尊重，既不会令人产生压迫感，也不会令人对你产生怀疑，而且还能树立起自己的专业形象。

● 凝视时间：和对方目光接触的时间，约占相处时间的30%~60%。一次在三秒左右。

● 凝视区域

公务凝视区域：以两眼为底线、额中为顶角形成的三角区。

社交凝视区域：以两眼为上线、唇心为下顶角所形成的倒三角区。

亲密凝视区域：从双眼到胸部之间。

● 注视技巧："散点柔视"，即应将目光柔和地照在别人的整个脸上，而不是聚焦于对方的眼睛。

● 注视的禁区：对方的头顶、胸部、腹部、臀部、大腿、脚部、手部。尤其当对方是异性时，要避免注视对方禁区。

TIPS

当对方讲到一半忘了说什么或突然沉默不语时，应迅速把目光移开。眼皮眨动一般在每分钟5~8次，过快表示思维太活跃，过慢表示轻蔑等。

在眼睛里，思想敞开或是关闭，发出光芒或是没入黑暗，静悬着如同落月，或者像急闪的电光照亮了广阔的天空。

——泰戈尔

礼仪小百科：眼神与心理的关系

左顾右盼、东张西望：心中有事、心怀鬼胎。

瞪视：敌意。

逼视：命令。

斜视、扫视：轻蔑。

低眉偷视：自卑。

上下打量：挑衅。

白眼：反感。

不停眨眼：疑问。

眼球反复转动：动心思。

课后练习——眼神

用张A4纸遮住眼睛以下部位，观察几种表情时眼神的变化：开心时，生气时，被投诉时，觉得无聊时，看看眼睛是否有笑意，哪种眼神是让别人看上去最真诚舒适的。

眼部肌肉锻炼：闭上眼睛，静下心来后，突然睁开眼睛，眼珠上下左右转动，反复几次。眉毛和眼睛一起尽量向上、向下运动。

效果：锻炼眼部肌肉，让眼神更有神采。

4. 笑容管理——微笑是世界共通语言

Q19 发自内心的微笑，应该是？

- 露出6~8颗牙齿。
- 眼睛也要笑。
- 只要嘴唇上翘就可以了。

故事：用微笑征服TA的心

惠子是我的日本好友，温柔贤惠，入得厨房，出得厅堂。今年是惠子和丈夫结婚20周年纪念日，邀请了少数好友庆祝。在派对中，我感受到了惠子夫妇恩爱不减当年，问到她们婚姻保鲜秘诀时，只见他们相视一笑，惠子的先生说："我每天都想快点回家，是因为想看到惠子的微笑，那是给我减压的秘方，哈哈。"的确，每个见到惠子的人，不论男女老少都被她的微笑所折服，惠子那发自心底的笑容，那真诚无邪的眼神征服了TA的心。

微笑的意义：笑是"因感喜悦而开怀"（《辞海》）。微笑是我们精神状态的最佳写照，是人与人之间的最短距离。表情中，最吸引人的，就是那亲和的笑容。行动比语言更具说服力，一个亲切的微笑正告诉别人：我喜欢你，你使我愉快，我真高兴见到你。

笑的根源：孝子有深爱者必有和气，有和气者必有愉色，有愉色者必有婉容。——《礼记·祭义》

微笑的要点：双唇后扯，嘴角上提，同时带动眼部周围肌肉的收缩。要点是让眼睛也要笑。

观点

给对方一个笑容就是给自己一个好心情。

课后练习——笑肌

你是否想拥有和明星一样让人憧憬的笑颜？口角自然微微上翘，脸的左右平衡均匀，需要每天适当锻炼，脸和口角的肌肉和身体的肌肉一样，每天锻炼的话，肌肉就会柔软，就会拥有美丽的笑颜。

口角的肌肉牵系着大量表情肌，首先需要了解笑颜时需要的肌肉：颧骨周边的肌肉、腮帮子、嘴四周的肌肉。

在练习笑颜之前，先自我检查脸的平衡度（用○和×选择）：

- 吃东西的时候总是单面咀嚼（　　）。
- 用嘴巴呼吸的时候多（　　）。
- 食物吞咽的时候不是很顺畅（　　）。
- 嘴巴经常半张开（　　）。
- 额头皱纹较多（　　）。
- 嘴角下垂（　　）。
- 对自己的笑颜缺乏自信（　　）。
- 拍照时感觉自己有笑，但看到照片上自己没有笑（　　）。
- 平时笑的时间超过1小时会感觉口角附近肌肉酸疼（　　）。
- 平时自我感觉有微笑，但同事和朋友总觉得自己较严肃（　　）。

○越多，脸部肌肉不均匀的可能性就越高，平时需要加强口角四周肌肉的锻炼，让自己自然地拥有灿烂的笑颜。

锻炼笑肌，为持久的微笑时笑肌不会酸痛打下基础，步骤如下：

Step1 嘴张开，发出“啊”声，嘴开口度要容下3根并排着的手指。

Step2 有意识地注意运动自己嘴边的肌肉，发音“a，o，e，u”，重复数次。

Step3 闭上嘴，鼓起腮帮子，嘴左右移动。

Step4 闭上嘴，将两颊向内吸，嘴由扁平再变尖，这样重复数次。

Step5 嘴半开，下颚努力地左右移动数次。

Step6 鼻子使劲上下运动数次。

TIPS

- 你会和一脸苦相、阴着脸的人好好说话吗？同样的，试着考虑一下自己的神情会给对方带来怎样的影响。
- 你摆出一脸不高兴的样子，别人会从你的表情上猜测：看上去很难接近啊，是不是心情不好啊。从而对你退避三舍。
- 微笑需要延伸——客户回头看你时微笑没有消失；最重要的就是，“无论何时”“无论何地”“不管发生什么”，都带着笑容去迎接客户，而不是只有心情好时才带着笑容。如果感到客户脸色不好看，请马上去照一下镜子，答案就在镜子里。

5. 着装管理——服饰写满社会符号

Q20 你去拜访重要客户，这时你的着装是？

- 休闲装。
- 毛衣。
- 职业装。

故事：因穿毛衣而丢失大客户的大卫

大卫是位年轻气盛、聪明勤快的小伙，虽然进入理财经纪行业刚满三年，但积累了一定的客户群，因为是公司里最年轻且业绩又出色的职员，所以经常受到上司的表扬，大卫开始洋洋自得。

有一天早上十点，他要去拜访预约了五六次才成约的客户，因为下午他休息并和以前的大学同学郊游散心，所以就穿了一件休闲毛衣和牛仔裤前往客户公司。客户对大卫的第一印象是："我如何放心把财产交给这个身穿休闲毛衣，下穿牛仔裤，脚上一双时尚运动鞋的小伙子管理？看上去太不靠谱了。"不到十分钟，客户就以要开会为由打发了大卫。大卫事后还很委屈地和我说："那人八成那天心情不好。"

商务人士要访问多家企业，经常和客户会面。在各个工作岗位上，有各种各样的人在工作。人们处在不同的年龄层，兴趣爱好也是千差万别的。这时的穿着打扮就不能以自己为中心，而要考虑到公司的形象。要成功地进行商务交往，整洁、高雅的着装会增添你的翩翩风度，给人以信任感，更重要的是代表企业的集体外在形象和职业素养。

衣冠不正则宾客不肃，进退无仪则政令不行。

——《管子·形势》

（1）遵循T.P.O原则

着装时遵循T.P.O原则是服饰礼仪的基本原则之一。它要求我们在选择服装、考虑其具体款式时，首先应力求使自己的着装及其具体款式与着装的时间、地点、场合协调一致，和谐般配。

T、P、O三个字母是Time（时间）、Place（地点）、Occasion（场合）这三个单词的缩写。

（2）不同时间、地点、场合的着装礼仪

时间：一年有春、夏、秋、冬四季的交替，一天有24小时变化，服装的款式和质地应和时间相协调。比如，冬天要穿保暖、御寒的冬装，夏天要穿透气、凉爽的夏装。白天在公司里穿的衣服不可按照个人喜好所穿，而需符合企业整体形象，应得体、大方；晚上约会，参加晚宴等社交活动时，应穿着时尚。

地点：置身在室内或室外，驻足于五星级酒店或公园，身处公司或家中，前往歌剧院欣赏歌剧或去踏青，着装的款式应符合地点的变化，切不可“以不变应万变”。

场合：衣着要与场合协调。拜访顾客，参加高层会议、论坛等，应着正装或商务便装；听音乐会或看芭蕾舞，衣着应庄重；出席正式宴会时应着礼服；去郊游时，着装应轻便舒适，便于活动。

（3）男士正装穿着要点（部分图片由慢活美学品牌Acqua Elegante雅伦格提供，特此鸣谢）

● 穿着西装的6大要点

要点1 三一定律：身上有三个地方是同一种颜色（西服、皮带、皮鞋）。

要点2 上下装颜色、面料应一致。

要点3 熨烫平整、合身：西装一定要挺括合身，否则穿起来毫无美感可言。

要点4 双排扣西装的纽扣要全扣上。对于单排扣西装，若为两粒扣的，只扣上面一粒；若是三粒扣的，应扣上面两粒。

要点5 慎穿毛衫：如果要穿毛衫的话，要选择那种薄且是V形领的，千万不要穿有纽扣的，否则会给人到处都是纽扣的感觉。

要点6 少装东西：西装很讲究线条的美感和流畅，才能体现出男士的儒雅和庄重，装太多的东西在身上就会破坏西装的线条，更谈不上美感。

×

- 西装的选择——适合自己的才是最合适的

面料：纯毛料的西装是最好的，这些面料的西装具备三个特点，一是舒适、透气性好，二是垂感好，三是挺括但不僵硬。所以选择纯毛的西装可以让我们穿着既舒适又显得有档次。

颜色：东方人由于脸色偏黄，所以最适合的西装颜色是深蓝色和深灰色，黑色需要在隆重场合穿着。

款式：

单排两粒扣：最常见的一种，适合任何体型，虽然简单却显得年轻。

单排三粒扣：近年流行的一种款式，在保守的英国也属于正规西服，既能用在表现时尚的职场里，也能在私人交往空间中发挥成功的作用。

双排扣：流行于二十世纪七八十年代，有让身体看上去更伟岸的效果，因此很受企业高层的青睐。

单件式：只有一件西装上衣（裤子可采用不同面料与颜色）。

两件式：上衣和裤子（最适合商务场合）。

三件式：在两件式的基础上再加一件马甲。

欧式西装：由于欧洲人都高高大大，而且他们的生活都很随意，所以欧式西装都是比较宽大的。

美式西装：由于美国崇尚自由，不太讲究刻板的规矩，所以美式西装是宽松的，没有垫肩，而且不收腰，是直筒形的。

英式西装：由于英国人都是很讲究绅士风度的，所以英式西装收腰、贴身。

日式西装：收身不收腰，垫肩厚薄适中，也很贴身。

TIPS

- 最适合中国男士的西装应该是日式西装，可以显得人身材修长，与身形有浑然一体的感觉。
- 当你的领导穿单排扣的西服时，你要避免穿双排扣的西服。
- 咖啡色和橄榄色会让人脸色看上去偏黄。

● 挑选西装的5大要点

要点1 胸围的尺寸以能穿一件单衣和薄羊毛衫还稍宽为标准。

要点2 西装的长度以能盖住4/5的臀部为标准。

要点3 肩宽最好比实际肩宽出1.5厘米，这样更能显出男子汉“宽厚敦实的肩膀”。

要点4 从侧面看，背线呈现漂亮的S形。

要点5 看三个细节：第一看西装的两个兜是否平衡，第二看衬里有没有露出来，第三看扣子缝得是否结实。

● 选择衬衣的5大要点

要点1 领子是衬衣的“咽喉”：选择衬衣时，需要选择领围、高度、领型和自己合适的衬衣。

需佩戴领带的衬衣领围，扣紧后以能伸进一食指为准，使脖子有一种被围紧的感觉。

要点2 肩部是决定衬衣是否笔挺的关键：肩部是衬衣从上往下的“版型要素”，肩部的合适与否也决定了衬衣穿出来是否笔挺有型。

要点3 袖长的合适长度是放下来到虎口处，穿好西服之后露出1~1.5厘米。

要点4 胸围是决定衬衣是否有型的关键，是体现衬衣版型的重要部分。

NG 胸围

扣上扣子觉得紧绷，胸前皱成一团。

要点5 颜色的选择：白色和浅蓝色是衬衣的两个基本颜色，显示职业感，与任何领带和西装都极易搭配。

TIPS

- 穿着浅色衬衣的时候，在衬衣里面不要套深色内衣，不要将里面的内衣露出领口。
- 当你打领带的时候，衬衣上所有的纽扣，包括领口、袖口的纽扣，都应该扣好。
- 衬衣要熨烫平整。

● 选择领带的3大要点——展示商务精英的V区品位

领带是西装的灵魂，商务男士虽知道领带的重要性却不知如何在不同场合正确地挑选出既符合礼节又不失展现个人魅力的样式。

西服、衬衣与领带是永恒不变的三兄弟。衬衣与领带的组合是基础，衬衣与领带如果搭配得好，就能与所有深色系西服搭配相宜；反之，穿任何西服都会不着调。

要点1 认识领带的四种代表性图案：斜纹、圆点、方格、纯色无图案。

要点2 注意区分领带的面料。

丝绸：领带材质中最大众的面料，轻巧且有光泽，花样鲜明，给人以高档感觉。

全毛：使用得比较多的是羊毛，有时也采用羊绒，感受高级的同时也感觉温暖。

全棉：最常用的是诸如海岛棉等的高级棉，也用麻、毛等混纺面料，但容易起皱。

麻：多采用亚麻，与棉同样也容易起皱，麻有独特的清凉感，是夏季的首选。

纤维：针织领带最常用的面料，轻巧且不易起皱，使用与携带都很方便。

要点3 掌握领带搭配基本公式：以西装或衬衣颜色为底色来选择。例如，西装颜色是藏青色，那么领带最好是蓝色斜纹的；西装颜色是咖啡色，那么领带颜色可以是米色或黄色的圆点。总之初学者选择和西装或衬衣相近的颜色，达人的话可以选择反差较大的颜色。以下是基本款的万能组合公式：

公式1 蓝底米色圆点领带+白色衬衣

特点：给对方低调可信任的感觉。

公式2 藏蓝、深蓝、白相交的斜纹领带+浅蓝色衬衣

特点：万能组合。

公式3 蓝色领带+藏青色西服+蓝色系或白色衬衣

特点：稳重感。

公式4 黄色领带+黑或咖啡色西服+奶黄或白色衬衣

特点：适合公司内部和拜访较为熟悉的客户。

公式5 绛红色方格领带+黑色西服+白色衬衣

特点：适合秋冬季节。

TIPS

- 在销售活动中白色衬衣搭配斜纹领带给客户以整洁干练的印象，可以选择绛红色的领带，但切忌戴鲜艳的红色领带。
- 领带尖不应低于皮带头，但也不要高于它，长度以触及皮带扣为宜。
- 在国际商务场合领带夹是已婚人士之标志，应夹在领结下3/5处，未婚男士通常是不用领带夹的。

- 穿着西裤的4大要点

要点1 选择与本人腰围相等的西裤，勿太紧与太松，特别是太紧会引起腰部褶皱或隆起，影响品位。

×

要点2 皮带扣以七扣为标准（不同于休闲裤），裤扣上禁挂任何挂件，裤袋也以少放东西为好，特别是有响声的钥匙之类。

要点3 质地：在正式商务活动中与上身西服相同，在非正式的商务活动中也应该以质地优良之品为最佳选择。

要点4 长度应盖住鞋面的2/3，并有微微下垂之感。裤脚可以选择单边或双边缝制方法，特别重要的场合，以穿着单边翻式样为主。裤脚的宽度要适中，覆盖鞋面后，裤脚与鞋尖之间的距离保持在12厘米，能给人以悦目之感。商务用的西裤要熨出裤缝，还要防止裤脚的磨损。

NG 长度过短，没有熨烫平整。

- 鞋的选择要点

正式西服只能以传统、庄重的系带式皮鞋相配。

不要在正式、隆重的场合穿着非黑色皮鞋，即使它被擦拭得十分体面，也会显得你本人不懂体面，而且不要有图案和花纹，简洁、大方的鞋才是最佳选择，并要注意擦亮你的鞋面。

×

- 细节中体现品位

带一支上乘的笔。

修饰你的双手。

袜子：黑色或者是深色系列的，不要人造纤维的袜子，最好是羊毛、丝毛或毛棉混纺、纯棉袜子。不论年龄几何，花袜子总是不适合男性的。

在穿着西装的场合需要使你看起来专业、有权威、有影响力，这些元素只有和“高质量”与“合身度”结合在一起，才能呈现出质感与贵气。所以商务人士一定要投资自己，买一套最好的合身西装。

（4）男士商务便装穿着要点（部分图片由慢活美学品牌Acqua Elegante雅伦格提供，特此鸣谢）

商务便装是职业服装中的一种，常用于会议、研讨会或办公室“非正式着装日”等场合。虽然说是“便装”，但它又完全不同于纯粹的便装和休闲服，是随意穿而非随便穿，服装仍然反映了你的职业形象，因此，它还必须符合一切职业服装的标准：外套+长裤，干净得体，熨烫平整。

● 上装的选择要点

男士商务便装最基本的要点就是“穿带有领子的衬衫”。没领要比有领有邋遢之感，但要说明的是，有领的高尔夫T恤不适合职场穿着。即便有些可以穿着T恤的场合，同样一件T恤，比如V字领T恤衫上再加一件素色外套，就比单穿一件T恤来得规整，不会显得那么凌乱。

男士在着商务便装时适合领子较高的衬衣，这样即使不打领带，衬衣领也不会变形。无领带时由衬衣领来定基本格调，不要扣上衬衣的第一粒扣，显得干净利落有品位。

温馨提示：推荐穿领上带有小纽扣的款式，这样衣领既不会变形，风格又不失庄重，另有多种样式可供选择，给人以清新感。

在出汗多的季节，推荐形状记忆型衬衣，每天在家都可以轻松洗涤。

无论何种款式，都应保持清洁并熨烫平整后再穿着。

● 裤子的选择要点

随着时代的变化，有些场合也开始允许穿牛仔裤了，但应穿着保守型牛仔裤。裤上开洞，超常规褪色，水洗磨损强烈的类型不太适宜。

在禁止穿着牛仔裤的场合，推荐卡其布裤装，有多种颜色可与上半身搭配，许多厂家也设计出了很多种可以调节腰身粗细，有美腿效果的各种样式男裤。

● 鞋的选择要点

鞋的颜色尽量与皮带颜色一致，绝对不可穿拖鞋。

不论男女，鞋子污浊会给他人留下负面印象。每天保养鞋，不天天穿同一双鞋，不穿踢踢踏踏的鞋，这三点做到了，能大大改变你的商务形象。

● 男士商务便装搭配参考

①外套+西裤（可以和上衣不同色系）。

②短袖棉T恤衫+西裤。

③佩戴领带的长袖衬衣+西裤。

④毛衣或长袖衬衣+西裤。

礼仪小百科：男装品牌一览

1．世界知名男士西装品牌

● BURBERRY（博佰利）

产地：英国

特点：BURBERRY以前一直是个较为实用的牌子，在维多利亚后期和爱德华七世初期，几乎为所有户外运动生产专门的防水服和猎装。后来，该品牌成功转型为时尚品牌，带有浓郁苏格兰风情的格子图案是其象征。

● ALFRED DUNHILL（登喜路）

产地：英国

特点：创立百余年，设计融入英伦绅士文化，成为绅士生活的代言人。

● GIVENCHY（纪梵希）

产地：法国

特点：以华贵典雅的风格享誉时尚界30余年，纪梵希本人在任何场合出现时的儒雅风度与爽洁不俗的外形，被称为“时装界的绅士”。他的男装几乎就是他本人的化身——简洁、得体、刚柔并济。

● HUGO BOSS（雨果博斯）

产地：德国

特点：集感性和理性于一身，80多年来一直坚持“为成功人士塑造专业形象”的经营哲学。德国式的严谨态度在这个品牌的男装身上得到体现。

● 以下品牌均发源于意大利

Zegna（杰尼亚），全名Ermenegildo Zegna

特点：1966年埃麦尼吉尔多·杰尼亚（Ermenegildo Zegna）去世后，由两个儿子全权接管家族企业，两兄弟齐心协力，在继承其先父遗志创造一流品质的纺织布料的同时，推出了一流的男装品牌杰尼亚（Zegna）。男人拥有杰尼亚西服，意味着能力和好运。

CERRUTI（切瑞蒂），原名CERRUTI 1881

特点：融合了创始人家族姓氏和创始年份。这个从精致高品质面料起家，现在成为意大利男装业鼎鼎大名的代表品牌，严谨中透着自然，以流畅的线条和舒适的视觉与穿着感受著称。

GUCCI（古姿）

特点：这个80多年来一直以生产高档豪华产品而著称的牌子，尤其是近三四十年，一直是上流社会消费追逐的热门。

DOLCE & GABBANA（杜嘉班纳，缩写为D & G，字符间有空格）

特点：硬朗粗犷的线条、泥土色系、黑色与猩红色相配，脖子上系着品牌图案的印花方巾，皮夹克外套，活脱脱一个意大利南部西西里岛男性形象。

注意：D & G（字符间无空格）是二线品牌，不是DOLCE & GABBANA的缩写。

VERSACE（范思哲）

特点：简洁优雅的剪裁线条是每个男士的衣橱必备。

AMANI（阿玛尼）

特点：阿玛尼的男装没有拘谨、做作之感，融入了美国校园里便装和运动装的随意，而面料与色彩遵循意大利传统的含蓄精致。不同明度、千锤百炼的灰色、灰度的无色彩系让人们感叹它能将灰色变幻出无穷意味的能力。

2．男士休闲西服品牌

● JACK & JONES（杰克·琼斯）

产地：丹麦

特点：JACK & JONES品牌自1990年问世以来，以其简洁纯粹的欧洲风格吸引了全球追求时尚男性的目光，成为欧洲时尚潮流男装品牌的代表。

● Calvin Klein

产地：美国

特点：从1968年开始建立自己的公司到现在，Calvin Klein 已在时装界纵横了近40年，享有盛名，并被认为是当今美国时尚的代表人物。

● RALPH LAUREN（拉尔夫·劳伦）

产地：美国

特点："相信服装最终可以超越时间的限制而存在"是RALPH LAUREN的设计哲学。他把朴素的经典风格引入时装设计领域，使用天然的或是天然感觉的面料，以自由流畅的剪裁实现朴素的理念。

● PORTS（宝姿）

产地：加拿大

特点：舒适、耐用又不失优雅，适合于经常出差的商务人士，面料均来源于意大利的CERRUTI，轻薄，柔软。

● MONTAGUT（梦特娇）

产地：法国

特点：法式优雅、浪漫，一流质量与现代时尚，是最早进入中国的国际品牌。

商务男士每天自我检查表

■ 头发

□ 前不覆额，侧不掩耳，后不及领。

□ 有无梳通，是否整齐。

□ 有无头屑，有无异味。

■ 脸部

□ 胡须是否全部刮干净。

□ 鼻毛是否修整，鼻中的脏物是否取掉。

□ 眼角分泌物是否残留。

□ 眼镜是否脏了。

□ 耳屎和耳朵后面是否清洗。

□ 牙缝里是否有残留物。

□ 有无口臭。

□ 葱、蒜、烟、酒等味是否有残留。

□ 嘴唇是否干裂。

■ 手指、指甲

□ 指甲有无修剪。

□ 指甲缝里是否有脏物未清。

□ 是否光留着小指甲。

□ 指甲是否发黄、残留烟渍。

■ 服装

□ 有无褶皱。

□ 有无残渍，有无烫衬衫。

□ 纽扣有无掉缺。

□ 卷起的袖口有无放下来。

□ 皮带上有无戴钥匙和手机。

□ 有无扣错纽扣。

□ 西装的口袋里有无很多东西（手

机、钥匙、小包等）。

- □ 拉链有无拉好。
- □ 衬衫的颜色和西装是否相配。
- □ 西装里面是否穿很多内衣、毛衣。

■ 袜子

- □ 有无缩在鞋子里。
- □ 是否每天换洗。
- □ 是否有气味。
- □ 是否有破洞。
- □ 有无反穿。

■ 鞋

- □ 有无擦鞋。
- □ 鞋跟是否摩擦，有无修补。
- □ 鞋底的价格标签是否撕掉。
- □ 鞋底是否有污泥。
- □ 和服饰是否相配。

■ 其他补充

- □ 有无带手帕。
- □ 有无用异味十足的古龙水。

（5）女士正装穿着要点

所谓正装就是套装上下同一面料，且是裙装。

要点：在商务场合让人一看就知道你是大方得体的，可信赖的职业女性。

色彩：首选黑色、藏青色、咖啡色、米色、灰色。

点缀：穿正装时使用装饰品不超过三处，不适合大的垂型耳环或过于夸张的戒指、手镯等。

尺寸：长短紧松均要适宜，裙长及膝最能体现出优雅气质，因而被称之为“优美之线”。

- 太长：整个人精神面貌不太好，体现不出职业女性果断、干练、神采奕奕的气质。
- 太短：稍微动一动就会走光，又会给人不够严肃、端庄的感觉。
- 太紧：不够大气，行动不便。
- 太松：造成松垮感。

黑色的船形皮鞋：黑色船形皮鞋是职场必备款，无论是商务拜访，还是商务谈判，它在很多场合都可以出现，不管是初入职场还是中高层也都需要，而且春夏秋冬都可以穿，所以一定要花高的价钱投资一双品质好的，样式越经典越百搭。一般鞋跟高在3~5厘米，鞋面上的装饰越少越显得专业严肃。

（6）女式商务便装穿着要点

要点：衬衣+裙子或合体的长裤，套装裙，衬衣配夹克衫等均可。

上衣：衬衣可以选择多种色彩，但图案切忌过于花哨；还可搭配针织羊毛衫、开衫等。

裙子：西装配一步裙，衬衣可以搭配百褶裙、喇叭裙等。

裤子：西裤、直角裤、中裤，颜色中性。

外套：黑色、灰色、咖啡色等中性色彩，款式简单、合身，裁剪得体。

大衣：选择质地上乘，做工考究、挺括的大衣。

皮鞋：选择任何场合都能穿的简单黑色包头鞋，鞋跟3~4厘米高。

搭配参考：

①蓝色上衣：蓝色是最容易让人产生信赖的色彩，也最容易突出稳重、专业、大方的印象。

黑色裙子：商务场合的裙子长度一般及膝。

袜子：在职场里，肉色、黑色、灰色的袜子都可以各备一款，根据穿着的服装去挑选搭配，如果穿黑色的裙子和黑色的皮鞋，黑色的袜子可以使两者有更好的视觉过渡和延伸，也使全身上下的颜色更精简。

配饰的选择：白色的耳钉，白色的戒指，白色的胸口装饰品，职场配饰色彩越统一、越和谐，质地越统一，越能体现专业度和严谨的风范。

②黄色上衣：黄色是非常有活力和权力感的色彩，是非常能烘托中高层管理者领导力和影响力的色彩。

职场包：一款样式经典、颜色百搭、质地上乘的包也是职场必备款。一般棕色的包一年四季都可以用，黑色的偏冬季用，白色的偏夏季用。中高层管理者会更注重质地，提包比挎包会更显专业感和权威感。包在长时间不用的时候最好用填充物把它内部撑起来，以保持其良好的形状。

● 一款内搭裙子也是职场必备款，加一件外套，在职场就是庄重严肃、专业大方的形象，下班后脱掉外套，就是典雅的社交装。可以进行商务和社交形象的快速转换。

NG 前胸袒露过多，露手臂，露大腿；过透，过紧身。

观点

Dress Code（穿衣符码）是公司员工“如何呈现自己外在形象”的语言，它决定了客户对公司的整体印象。

商务女士出门前自我检查表

■ 头发

☐ 头发是否长到妨碍工作。

☐ 刘海是否太长。

☐ 发胶味道是否太强烈。

☐ 肩上是否有头屑。

☐ 头发是否太干燥。

- ☐ 是否用太强烈的香水。

■ 脸

- ☐ 眼睛有无充血。
- ☐ 眼屎有无去掉。
- ☐ 有无化浓妆或素颜。
- ☐ 清洗面部时有无清洗耳部。
- ☐ 皮肤和嘴唇是否干燥脱皮。
- ☐ 牙缝有无残留物。
- ☐ 蒜、葱、烟、酒味有无遗留。

■ 指甲

- ☐ 指甲的缝里有无残留脏物。
- ☐ 指甲油有无掉了一半。
- ☐ 指甲的长度是否整齐。
- ☐ 艺术甲造型是否适合职场氛围。

■ 身体

- ☐ 腋毛有无修除（保证穿无袖衫时不露出）。
- ☐ 脚趾有无修剪。
- ☐ 脚后跟有无养护。
- ☐ 有无戴太多首饰。

■ 服装

- ☐ 有无烫平，残渍有无清除。
- ☐ 纽扣有无掉缺。
- ☐ 衬衫的袖子是否卷起来。
- ☐ 服装是否适合场所。
- ☐ 穿礼服时是否穿了丝袜。

■ 丝袜

- ☐ 是否有抽线。
- ☐ 颜色是否太显眼。
- ☐ 穿短裙的时候是否穿短丝袜。

■ 鞋

- ☐ 磨掉的鞋跟是否及时修补。
- ☐ 是否和衣服相配。
- ☐ 鞋跟是否过高。

观点

一个人的仪容、表情、服饰、态度，说话的语气、内容等外在所呈现出了一切，都代表了他/她内心的修养程度。

礼仪小百科：服饰和鞋、包、小物的搭配技巧

1．职业装

包：要选择平稳装下A4尺寸的文件，放在椅子上能直立的样式，这样能保证资料不用卷就能平放，颜色以黑色或褐色较好搭配。

配饰：控制在三点之内，式样简单。

鞋：黑色的包头高跟，鞋跟约3厘米，以合脚、柔软、舒适为主。

NG 在出席正式商务场合时，穿那些设计夸张、非主流的鞋，以及凉鞋和靴子等都是行不通的。

2．社交礼服

包：配手腕小包（里面放补妆用的粉、口红，手帕，钥匙，零钱）。

配饰：华丽、高雅的宴会专用首饰。

鞋：细细的尖头高跟鞋，跟的高度在5厘米左右最能体现你的优雅气质。

NG 出席高端宴会时，不应该选休闲鞋或前露脚趾、后露脚跟的鞋。设计复杂、夸张的鞋和靴子也是行不通的。

3．休闲服

包：大而时尚的包。

配饰：基本不需要。

鞋：以平底、舒适为主。

NG 在公园散步、行山路、沙滩等穿高跟鞋，不仅自己累，看的人也累。

TIPS

● 穿丝袜最要留心的地方就是防止丝袜绽线（抽丝），所以随身备一双丝袜在身边的话，会比较安心。

● 经常出差的商务人士，应该购买几套不易起褶皱、质地轻，适合不同气候穿着的全球适用的服饰。黑色、深蓝色、深灰色等颜色，不但专业，也没有季节性的问题。

● 淡粉色指甲油显示质感，切忌用过于鲜艳的颜色，避免夸张的艺术甲。

● 保养鞋的小秘诀：养成经常擦拭鞋的习惯，如果想延长鞋的寿命，那么就不要老穿同一双鞋。

观点

随意穿和随便穿是对待生活的两种不同态度。

随意穿是建立在选择、思考的基础上，是遵循T.P.O原则的；随便穿是想穿什么就穿什么。随意是一种尊重自己的生活态度。随便是一种惰性，怕麻烦，对任何事无所谓，是一种放弃自己的态度。

第三篇 国际商务圈铁规则——先礼后利

1. 人际交往的安全距离——不要轻易进入对方的安全空间

在商务社交场合，如果你要给对方留下好印象，就一定要遵守“保持身体间距”这个法则，直到他信任你并愿意让你进入他的空间。

Q21 你应邀参加了一个商务酒会，其中有一位客户你很想认识，这时你的做法是？

- 走到离他不到1米，很近的位置表示热情。
- 走到他面前，确保两人之间有1.5米的距离。
- 走到他面前，但离得远远的，表示敬重。

故事：被误作同性恋的男士

有一次，在泰国曼谷酒店的一个晚餐上，我目睹了一件有趣的事情。那天正好中国代表团一行也入住该酒店，晚餐时熙熙攘攘，热闹非凡。用餐过半，他们便开始惯例的敬酒环节。这时，我敏感地觉察到隔桌的两位西方人对眼前发生的事产生了好奇：首先是一位领导模样的男士走到大家前，说了几句后大家齐干杯，之后他走到一位小伙子前，先拍了拍他的肩膀，之后不知说了什么，小伙子自己拍了拍肚子，两人笑了起来；接着，领导模样的男士走到其他男士前，时而握手，时而摸头，时而拍肩膀。

（图片摄于曼谷某酒店的露天餐厅）

我知道这两位西方人误把这位男士当做同性恋了，而且一人对多人，因为他们认为同性间应该留有间距的，除非是同性恋者才会在公众场合有身体接触（除了握手和拥抱外），这真是冤枉了这位领导。

人际交往的空间距离可以分为亲密距离、个人距离、社交距离、公共距离四种。中国人的空间距离相对较近。我们在大街上经常可以看到两个中国少女挽臂亲昵而行，而在西方则很少见到。西方人觉得中国人过于亲近，而中国人又会觉得西方人过于冷淡、傲慢，过分疏远，是不友好的表现。如果中国人发现交际对方的衣服上有根线头，他会很自然地帮助对方摘掉；而在西方人眼里，这是不礼貌之举。中国人看到朋友穿了件非常漂亮的衣服，会上前摸一摸，询问价钱或质地；而西方人则不会这样做，他们更多的是羡慕，并直接赞美。

（1）亲密空间距离

人际交往中的最小间隔或几无间隔，即我们常说的“亲密无间”，其近范围在20厘米之内，彼此间可能肌肤相触，耳鬓厮磨，甚至相互能感受到对方的体温、气味和气息。在所有空间中，这个空间是最为私密的，只有在感情上与我们特别亲密的人才被允许进入这个空间，比如恋人、夫妻、父子、母女、密友、宠物等。

（2）私人空间距离

个人距离的近范围为46~76厘米，正好能相互亲切握手，友好交谈。这是与熟人交往的空间。陌生人进入这个距离会构成对别人的侵犯。

（3）社交空间距离

距离体现出一种社交性或礼节上的较正式关系。其近范围为1.2~2.1米，一般在工作关系和社交聚会上，人们都保持这种程度的距离。社交距离的远范围为2.1~3.7米，表现为一种更加正式的交往关系。

（4）公共空间距离

范围大于3.6米。在公众面前发言时，我们往往会选择这个区域，因为大于3.6米令我们很舒服，不尴尬。

TIPS

上述所有间距适合欧美国家，在中国，社交距离为0.5~1.5米之间，公众距离为1.5~3米之间，这一距离在熟人或女性之间可能会缩小。

观点

在文明社会，互相保持距离（英语是civil inattention，表示文明人之间的距离感）是必要的。

2. 见面礼仪

Q22 你戴着MP3边走边听歌，这时有人和你打招呼，你的做法应该是？

- 立即摘下耳机和对方打招呼。
- 依旧戴着耳机和对方打招呼。
- 视而不见。

故事：说话时摘下耳机的金发小伙

在柏林飞往米兰的航班上，当我进入机舱内想把行李放在行李架上时，正坐着听MP3并跟着节奏摇头晃脑的金发小伙子立刻站起来，非常主动地帮我把行李放在了行李架上。当机组人员把饮料车推过来，问我喝什么时，因为我没听清楚有哪些饮料，就自然地看了旁边的小伙子一眼，他立即摘下耳机，微笑地对我说："需要我为你效劳吗？"等他把饮料递给我后又开始戴上耳机进入他的世界了。

（图片摄于我最喜欢的意大利餐厅门口）

（1）问候礼仪——问候语是顺利开展人际关系的润滑剂

Q23 早上10点，在公司过道上看见初次见面的客户迎面走来，这时你的做法是？

- 当做没看见，自顾自朝前走。
- 看了客户一眼，又继续往前走。
- 向客户问候致意："您好"。

√

×

- **问候的意义**

相互间的问候是使人际关系融洽的润滑剂。

可以打开对方的心扉。

能够传达自己的心声。

先主动问候的一方，能掌握谈话的主动权，并能给对方留下美好而亲切的印象。

- **问候的地点和时机**

①在安静闲适的场所——在比较安静的咖啡厅与朋友不期而遇时

距离比较远，点头致意。

想要跟对方说两句话时，走上前并压低声音说。

NG 兴奋地大声招呼。

②有人向自己郑重地打招呼问候时

走动中：先停下来，站好，专注地看着对方问候。

NG 边走边打招呼；或不停下脚步，回头打招呼。

座位上：先站起来并站好，微笑着跟对方握手鞠躬，以示敬意。

NG 不站起来，边看报纸、电脑、手机边打招呼。

③社交场合的问候语

你好！初次见面，很荣幸认识您！见到你很高兴！好久不见，最近还好吗？上次很不好意思啊。身体好些了吗？好像发型变了吧？今年冬天好像不冷。你上次说去欧洲旅游，后来去了吗？

（2）握手礼仪——一“握”定音

假如你和来自欧洲的客户初次见面，他说：“You have a very good handshake!”那表示你给他留下了可信任的印象，因为你的握手传递了力量和可信度。

Q24 与美国客人初次见面，握手时应该谁先伸出手？

- 因为对方是客户，所以自己先伸出手。
- 根据当时的状况，顺其自然。
- 对方伸出手后，自己再伸手。

故事：商务冷餐会上的“蜻蜓点水”

有一次，在一个商务冷餐会上，朋友索菲给我介绍她的合作伙伴，令我倍感尴尬的是他和我握手时，先轻轻捏起我的手指，然后掂三下就放下了，就像蜻蜓点水，这是我第一次遇到如此感受不到任何诚意的握手。后来我问了周边的商务女士，她们笑着说：“我们都有这样的经历啊，有时对方和男士握了手，但到我面前就不伸手了，就算握给我的感觉也是敷衍的。”我找不出男士这么做的答案，后来询问了一些男士，他们回答：“因为你是女士啊，所以握手时不能太用力，捏住手指就不会痛了，还有女士不伸手，男士不可以主动伸手”等。

握手是祖先留给我们表示诚意的一种交流方式。

- **握手的内涵**

与同盟者握手：表示合作。

与对手握手：表示冰释前嫌。

与朋友握手：表示欢迎、问候。

与领导握手：表示敬重、感谢。

与部下握手：表示鼓励。

- **握手的时机**

当你遇见某位熟人时；当你与某人道别时；当客户走进你的办公室或要离开你的办公室时；当宾客进入你家的客厅时（进入房内主人先伸手表示欢迎，告辞时客人先伸手表示感谢）；当你被介绍时；当你鼓励某人时，可以与之握手，给他力量和信心。

- **握手的顺序——位尊者先伸手**

上下级之间：上级先伸手后，下级伸手呼应。

长辈与晚辈之间：长辈先伸出手。

商务场合：不分男女，根据当时的环境、身份而定。拜访客户时客户先伸手，结束后拜访者先伸手。

社交场合：女士先伸手。

- **握手的时间**

初次见面通常是3~5秒。匆匆握一下就松手，是在敷衍；长久地握着不放，又未免让人尴尬。

● **握手的方式**

伸出右手，虎口相接，身体微微前倾，双目注视，面带微笑。

NG 握手

①只握住对方的指尖。 ②过分用力。 ③死鱼式握手。 ④老虎钳式握手。

⑤眼神游离。⑥一人在室内，一人在室外相互握手。⑦握手时伸出左手。⑧交叉握手。

(3) 拥抱礼仪——先把你的右脸给对方

● 双方相对而立，各自左臂偏下，右臂偏上，右手环抚于对方的左后肩，左手环抚于对方的右后腰略上部位。

● 彼此将胸部各向左倾紧紧相抱，头部相贴。

● 再向右倾紧紧相抱。

注意不要猛拍对方背部。

(4) 称呼礼仪——记住对方的名字

Q25 假如你今年16岁，你爸爸带你去他意大利朋友珍妮花的家，你见到她时应该怎么称呼？

● 珍妮花阿姨。

● 直呼其名珍妮花。

● 珍妮花夫人。

初次见面时要称呼对方的姓。

如果对方是女士，要特别注意区别使用Miss（未婚者）、Mrs（已婚者）。不知道对方是未婚还是已婚时，使用Ms。

如果双方关系的亲密程度加深了，应先问一下是否可以称呼对方的名字，征得对方同意后才可以。

如果对方对你说过可以称呼他 / 她的昵称，那么也可以称呼昵称。

记住对方的名字——世界上最百听不厌的是自己的名字。

不要在正式的商务场合把商务伙伴当做私人朋友一样称呼。

TIPS

●尽管西方国家很多时候可以直呼对方的名字，但安全保险的做法还是在初次见面的人名字前面加上先生或者女士，尤其是对方比自己年长或者是在商务会晤中，假如对方说“请叫我玛丽”，那么你就遵循她的意思。

●在西方国家，姓名一般由两个部分组成，通常名字在前，姓氏在后，如“比尔·克林顿”。

●日本人的姓名字数较多，为了避免差错，他们通常在姓和名之间空一格，如“山田 洋太郎”。

(5) 自我介绍礼仪——充满自信

Q26 你是一位大学老师，当你需要自我介绍时，你应该说?

- 你好，我是李老师。
- 你好，我是李××，现在××大学工作。
- 你好，我是大学老师。

自我介绍是让他人了解自己的第一步。第一印象决定了听者以何种姿态对待自己。如果要让听者想要跟你做进一步交谈，从讲述方式到态度，都要认真准备。

步骤：

Step1 先明快地说“你好，很高兴认识你！”

Step2 再充满自信地说自己的姓名、工作单位、职务。

Step3 最后满怀诚意地说以后多交流。

NG做法

①自称职位，如我是李教授，我是王老师，我是张局长。

②自我介绍时低头或旁顾左右，显得毫无自信。

③双手抱胸前，显得很自大。

④边看短信边自我介绍，显得三心二意。

(6) 介绍他人礼仪——位尊者有优先知情权

Q27 分行行长是你的直接领导，有一天总行领导来视察工作，你应该如何介绍？

- 把分行领导介绍给总行领导。
- 把总行领导介绍给分行领导。
- 请他们相互自我介绍。

职位的高低不同：首先将职位低的人介绍给职位高的人，然后再将高职位的人介绍给低职位的人。

不同年龄的人：首先介绍年少的人给年长的人，然后才将年长者介绍给年少的人。例如，当介绍20多岁的拉里给60多岁的奥德先生时，要说 “奥德先生，这位是拉里。” 永远先说年长者的姓名。

其中一方是自己公司的人：首先将自己公司的人介绍给公司以外的人认识。

男性与女性：一般来说，先将男性介绍给女性。但如果男性的年龄较长或职位较高时，则刚好相反。

地位与年龄相仿的人：此时将与你较熟悉的一方介绍给你不太认识的对方。

官方人士和非官方人士：首先把非官方人士介绍给官方人士。

本国同事和外国同事：把本国同事介绍给外国同事。

要求介绍的人：首先介绍要求介绍的那位。

一个人对很多人时：首先将单个人介绍给那一群人认识。

TIPS

●和印度人、马来西亚人握手的时候，不能用左手。

●中国传统上我们会先介绍地位高的或者是年纪大的，然后再依地位高低一个一个介绍。

●中国人称呼别人时，习惯在此人所担任的职务或辈分称呼前加上他的姓，如“张经理”、“王校长”、“刘老师”、“赵阿姨”、“李叔叔”等，翻译成英语就成了“Manager Zhang”、“Principal Wang”、“Teacher Liu”、“Aunty Zhao”、“Uncle Li”等。其实在绝大多数场合下，英美人称呼男性为Mr（先生），称呼女性为Mrs（夫人、太太）或Miss（小姐）就足够了。只有少数职业或职务可用于称呼，如医生或有博士学位的人称Doctor，有权主持法庭审判的人可称Judge等。

（7）名片交换礼仪——尊重对方的脸面

Q28 和客户初次见面，交换名片后当着客户的面，你应该？

- 复读复念，记住名字和公司名。
- 不出声地看一遍。
- 拿了就走。

● 名片的作用

能让初次见面的人记住自己。

名片上所记载的信息对以后联系很有帮助。

能够顺利地推进今后的往来。

● 递交名片礼仪

将名片从名片夹取出，然后转向对方正面阅读的方向，一边双手捧出递交，一边介绍本人所属公司名、部门名及自己的姓名。

● 接受名片礼仪

对方一拿出名片，马上郑重地伸出双手去接。接受时双手的高度在胸高位置（男士略低于胸高），注意不要让手指盖住名片上的字。

同时交换名片时

互相介绍自己的公司名和姓名。右手递上自己的名片，同时把左手拿着的名片夹当做托盘，接受对方的名片。接到名片后，马上变为双手拿名片。

口诀：右手递，左手接，两手按住。

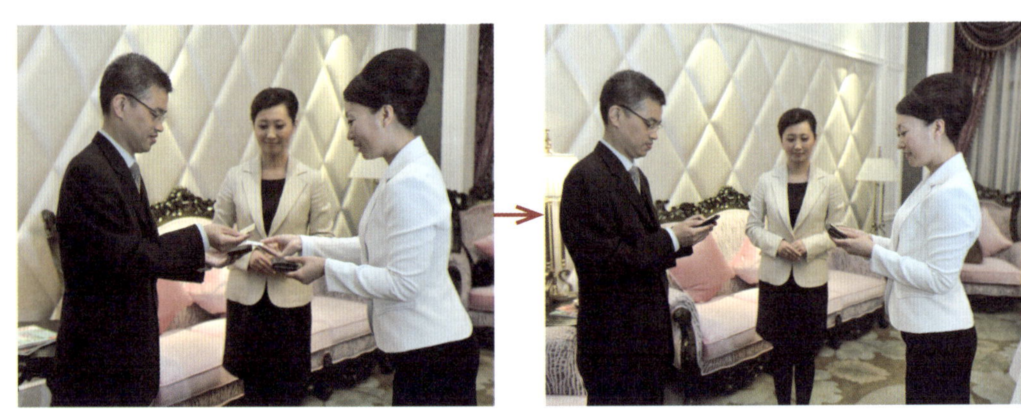

名片放置礼仪

放入双层的名片夹，外层放入客户的名片，内层放自己的名片。

男士应把名片夹放在上衣的内口袋或公文包内。女士应放在手提包内。

应经常补充新的名片。

收到名片后的礼仪

开会时，把对方的名片整齐地放在自己座位的前方。多人交换名片的情况下，按照对方座位的顺序或职位放置。

在记事本上记录名片的信息，以便在最短时间内记住对方的名字、职务等。记住对方的名字后可将对方名片放入名片夹。

NG 名片交换

① 来回扇动名片。

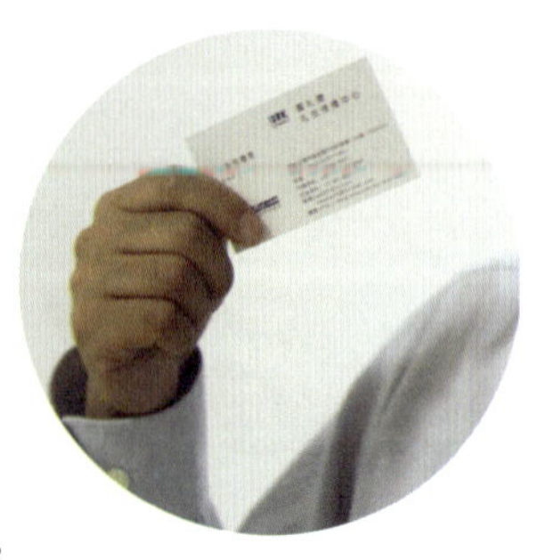

②把名片放在裤袋、皮夹或是化妆盒里。

③用手弹打名片。

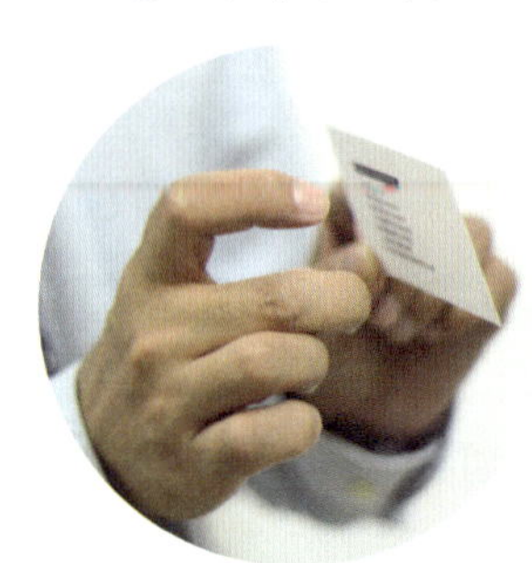

④用名片点击桌面。

⑤用杯子压盖名片。

⑥拿着对方的名片左翻右看。
⑦将对方的名片弄脏或弄皱。向别人递出有污垢、陈旧或者是皱巴巴的名片。
⑧把对方的名片忘记带回。
⑨将名片夹从裤子后袋里掏出。

TIPS

- 最规范、通用的名片规格是长90厘米×宽55厘米。
- 在商务场合，若把名片制作得过大或为折叠式，给人以虚张声势的感觉。
- 若把名片底色用红色、粉色、紫色等，给人以不庄重的感觉。
- 商务人士的名片上印人像、漫画、花卉等图案，给人以华而不实的印象。

3. 接待礼仪——“度”最重要

Q29 作为公司的行政人员，你要安排接待来自日本的客户，你的做法是?

- 制订行程表，安排相关人员接机，安排会议室等。
- 把行程表发给相关人员，让他们进行确认（飞机降落航站楼、下榻酒店、晚餐地点、会议室等）。
- 口头传达相关事宜。

故事：让日本客户干等的接机人员

2008年的某一天，日本客户来上海，那时浦东机场第二航站楼才刚刚建好。我的助理就像往常一样去接机。中午十二点半，客户用日本的手机打来说航班已经降落，没看到接机人员，我马上打给助理，他还在那里干等。原来他去了一号航站楼，在电话里很委屈地说到目前为止接的客户都在一号航站楼，没想到……

（1）接待前的准备——知己知彼

提出会谈要求的一方，应该把要求会见人的姓名、职务以及目的预先告知对方，同时将自己一方参加会见的人员名单（包括姓名、性别和职务等较详细的情况）提交给对方。

被要求会见的一方，在得到通知后，尽快通知对方会见的时间、地点、人员和注意事项等，同时安排会见当中的一些具体事项（如接送人员、车辆、场地、旗帜、茶点、座位卡等的安排）。

制订详尽的行程表，并指派专人担当。接待中的细节地方要考虑周全，在对方出发前再次确认对方行程（班次，起飞降落地点与时间，抵达的机场），并安排车辆接机。了解对方的身份、习惯、宗教信仰、用餐禁忌及其他注意事项，进行合理的住宿和膳食安排（预定、确认菜单等）。

确认会议室的窗户是否通风，有无烟灰、纸屑，会客桌是否已抹干净，沙发是否整齐清洁，墙上挂钟的时间是否正确，有无准备咖啡、茶水等。

TIPS

- 弄清楚你将接待谁，记住对方的姓名、国别、性别、职位、宗教信仰等。
- 浏览对方网站中的企业理念、历史沿革、组织架构及新闻等，这样能帮助你和即将见面的客户有更多的共同话题。
- 阅读客户所在国家、城市的趣闻，会让客户觉得你见多识广。

(2) 接待中的礼仪——有所为有所不为

Q30 你代表公司接机，客户来自荷兰，你把客户接进车后，你应该？

- 一路上热情地和客户交流。
- 一言不发地坐在副驾驶位上。
- 把矿泉水递给客户后，寒暄5~10分钟，到目的地前5分钟再次寒暄。

- **接机后与客户在车内的礼仪——勿沉默不语或滔滔不绝**

客户经过十几个小时的飞行，下机后一般较疲惫，又有时差，所以和客户同坐车时不宜滔滔不绝，过于热情，但也不能一言不发或只和司机聊天。另外，飞机上较为干燥，下机后要给客户准备矿泉水。

- **公司前台迎接客户礼仪——前台代表公司形象**

Q31 你正在和电话中的客户说话，当看见有客人站在前台时，作为前台的你应该？

- 微微抬起头向客户致意，讲完电话后立即站起来和客户说："您好，让您久等了。"
- 抬起头并用手指向沙发示意客户坐那里。
- 抬起头看了客户一眼，又当没看见继续和电话中的人说笑。

接待有预约来宾时的步骤：

Step1 看着来宾，带着真诚的笑容向来宾说："欢迎光临。""是××公司的××先生吧！""请您稍等。"

Step2 马上联络负责人，传达客户已到的信息："××公司的××先生已经到了。"

Step3 得到负责人回答后对客人说："您久等了，这边请。"

接待无预约客户的步骤：

Step1 确认来访目的。

例：请问，我有什么可以帮助您吗？

Step2 向负责人转达有客人来访。

例：请确认一下是否会见。

Step3 向负责人传达客人的姓名、公司名、来访目的。

同意会见时：对让客人等待的事致歉，然后带客人到指定地点。

拒绝会见时：尽量客气、郑重地回绝客人。

例：您特意前来，但真的是十分抱歉。真是不凑巧负责人正好外出有事，您请回吧。

- **不同场所的引领要点——把墙让给客户**

Q32 客户第一次来，在二楼的接待室面谈，应该怎样引导客人去接待室呢？

- 在走廊和台阶处和客人并排一边走一边说话。
- 在走廊走在客人两三步侧前方，时时回头。
- 到了上行的台阶，如果客人在前边自己马上从后面走到前面去。

走廊上陪同引导的标准步骤：

Step1 向客户问候，欠身致意。

Step2 行进时，在客人左前方1~1.5米处，面带微笑，身体侧向客人，用左手引导。请客人走在自己的右边。主陪人员要和客人并排走。

Step3 行进中提示客人留意脚下。

Step4 引领到位，请客户进入。

楼梯上陪同引导的要点：先告知客人要去的楼层。上楼时应该让客人先走，因为一般以高的位置代表尊贵，同时遵循安全原则，自己随后。 下楼时，自己先行在下，客人随后在上。在上下楼梯时，不应并排行走，而应当右侧上行，左侧下行。照顾年龄大的客户，应走在他后面。

引导时使用的话语：

引导客人至目的地处自己要离开的时候。

例：就送您到××了。

要引导其他的客人，出门的时候。

例：××先生马上就要来了，请您稍等。

- **与客户同乘电梯礼仪——先进后出**

Q33 你去迎接客户，到了电梯门口，你的做法是？

- 用力用手挡住电梯门，请客户先进去。
- 用身体挡住电梯门，防止关闭。
- 先进入电梯，按住“开”按钮，请客户入内。

Step1 伴随客人或长辈来到电梯前，先按电梯。

Step2 电梯来时，若客户不止一位，可先行进入电梯，一手按“开”按钮，另一手按住电梯侧门，同时礼貌地说“请进”，请客人或长辈进入电梯。

Step3 进入电梯后，按下客人或长辈需要前往的楼层。

若电梯行进间有其他人员进入，可主动询问要去几楼，帮忙按下。

电梯内可视状况是否寒暄，没有其他人员时可略作寒暄，有外人或其他同事在时，可斟酌是否必要寒暄。电梯内尽量侧身面对客人。

Step4 到达目的地后，一手按住“开”按钮，另一手做请出的动作，口中可说：“××楼到了，您先请！”客人走出电梯后，自己立刻走出电梯，并引导行进的方向。

出席会议礼仪——准时，安静

Q34 在一张桌子的座位中，哪一个位置是尊位？

- 对着门的座位。
- 背着门的座位。
- 离门最近的座位。

会议室尊位：

中、右、高为尊。

以面门背窗、背山面水、靠墙面路、视野全面、行动便利、处于视觉中心、能看见景色（可以是窗外实景，也可以是名字画、古玩、代表公司荣誉的奖杯、奖状等虚拟景色）为上座。

若会议桌纵向排列，应以进门时的方向为准，右为尊。

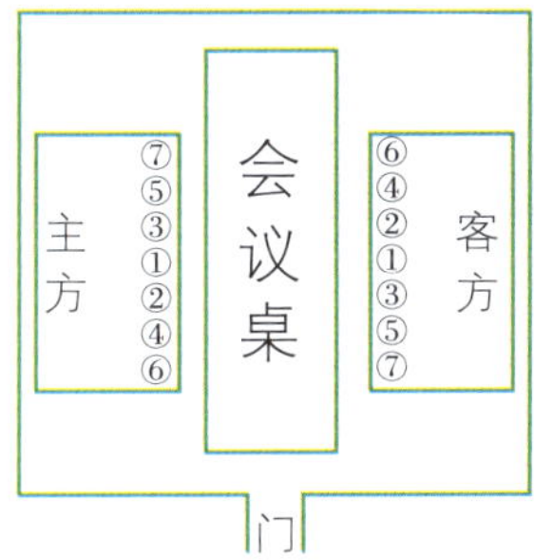

若会议桌横向排列，应以正门为准，面门为尊。

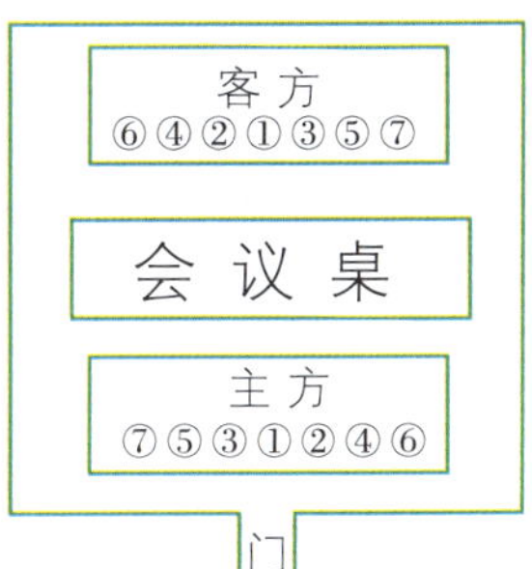

TIPS

国内的会议，主人和主宾右侧是得力助手；涉外会议，右侧往往是翻译人员。

Q35 市场部通知你下午一点参加会议，你已经顺利完成业绩，你的做法应该是？

- 反正已经完成业绩，象征性听听就可以了。
- 边听发言者讲，边和旁边的同事交流。
- 专心致志地听同事发言。

会议流程礼仪：

说明：对会议要讨论什么样的问题先做一个简单说明。

提案：提出问题改善方案。先说结论再加上具体的数据，边确认内容的适合性边进行。

讨论：根据主题相互交换意见，此时使用与之对应的资料与数据。

总结：整理、确认决定事项，决定下回会议时间。

文书：最后根据会议内容决定事项并做成会议记录文书。

参加会议基本礼仪：

衣着整洁，准时入场，依会议安排落座。若有不得不迟到的情况发生，应事先向会议出席者说明，得到对方理解。

认真听讲，不交头接耳，结合会议的主题浏览相应资料。注意别忘带笔与笔记本，如自主发言需带上资料、电脑等。

关闭手机或设置成震动状态。中途退场应轻手轻脚，不影响他人。会后整理周边空杯子等垃圾，把会议桌整理干净，将椅子复位，便于后面开会的人使用。

NG做法

① 在别人发言时窃窃私语，不停发短信。

② 两手交叉抱胸前听讲。

③ 进出接听电话时移动椅子，开关门时发出声响。

④ 突然起身离开。

⑤ 打哈欠发出声音。

⑥ 不停地转手中的笔。

⑦ 在纸上乱画，漫不经心。

- **敬奉饮品礼仪——茶满欺人**

Q36 客户和你的领导在开会，你在奉茶的时候第一杯茶先给谁？

- 给客户。
- 给领导。
- 放在桌上，请他们自己拿。

奉茶顺序：

先为客人上茶，后为主人上茶。

先为主宾上茶，后为次宾上茶。

先为女士上茶，后为男士上茶。

先为长辈上茶，后为晚辈上茶。

如果来宾甚多，且其彼此之间差别不大时，可采取下列三种顺序上茶：

其一，以上茶者为起点，由近而远依次上茶。

其二，以进入客厅之门为起点，按顺时针方向依次上茶。

其三，以客人的先来后到为顺序上茶。

奉茶分解步骤：

Step1 准备好杯子、托盘、奶精、糖、抹布等。各项器具一定要注意清洗干净。

Step2 将茶或咖啡等用品放在托盘上。不管份数多少，一律使用托盘端送。

Step3 右手拿抹布，以便茶或咖啡不小心洒在桌面上时立刻擦拭。

Step4 先将托盘放在临近客人的茶几上或备用桌上，再将茶端送给客人。

Step5 双手捧起茶杯，从客人的右侧面奉上。奉茶时面带微笑，点头示意。

Step6 双手拿起托盘，后退一步，微微鞠躬致意或轻说一句“打扰了”，然后退出。

奉茶手势：

Step1 右手握住杯子三分之一处，左手托住杯体底部。

Step2 放置在桌上，右手轻推杯底向客人的方向。

Step3 并拢的左手向客人做“请”的手势。

Step4 右手扣左手，轻轻退下。

NG 奉茶

① 茶太满（茶满欺人，酒满敬人）。

② 把茶杯从客户的头上掠过。

③ 把茶随手放在客户的资料上。

礼仪小百科：日本茶道中的一期一会

“一期一会”就是以一生只相见一次的态度去和对方全心全意相处。

日本的茶道秉承了一期一会的精神，每次泡茶前主持人要沐浴更衣，洗净双手后再洗茶具、碾茶叶，表示对来宾的尊重，体现“和、敬”的精神。在至小而简朴的空间内，简化一切视觉享受，主客双方能听到彼此的呼吸声、移动声，要求双方专心致志、寂静如林、全心全意、互相尊敬、专注当下、体味本心、还原本真，使泡茶人与品茶人能专注于眼前的一切，了悟禅法。

一直以来，我们以为身边的很多人和事永远都是属于自己的，所以漫不经心、满不在乎；一直以来，我们觉得人生何处不相逢，今天分开了，哪天就见面了，无所谓；一直以来，我们总认为爱自己的人会永远在自己身边，所以任性、怄气，对对方要求颇多。其实仔细想来，和很多人这一辈子就相处几天，随后彼此各奔天涯，不再相见。

无论是父母兄妹、新朋旧友、同事同学、合作伙伴还是竞争对手，不管是新欢还是旧爱，纵是一段时间天天相见，每一次其实都是唯一的一次啊！因为生命中的每一时每一刻都具有绝对的不可重复性，是一去不复返的。

所以，让我们用一期一会的态度全心全意面对熟悉的人和物，珍惜生命中的每一次相聚。

会议后合影礼仪——各安其位

Q37　你举办的国际会议圆满结束，需要双方留影，作为主人你的做法应该是？

- 请贵宾先排在中间，谦让一番。
- 大方得体地按照事先排好的位置邀请主宾站在自己的右边。
- 推推搡搡，等大家都排好了自己才站上去。

（图片摄于上海师范大学旅游学院）

预先统计好有多少人需要照相，并画好合影图，安排好礼宾次序。

主人居中，主宾紧挨主人的右边，主客双方间隔排列，两端则由主方人员把边。

如果需要分前后排分列，还要考虑各排人员的身份、双方人员在职位上的均衡（前排要安排主要人员），同时也要注意场地的大小、是否能把所有的人都摄入镜头等。

- **接待进餐礼仪——吃不是目的**

Q38 你作为公司客户被对方邀请共进晚餐，这时你的做法应该是？

- 反正我是客户，有权让他点最贵的菜，喝贵的红酒。
- 我代表公司接受邀请，目的不是吃，所以要适可而止。
- 吃完再要求他带我去其他店喝酒。

被接待方应遵守的礼节：受到客户的邀请时，要先考虑一下对方的意图，并判断一下是否接受邀请。作为商业伙伴，为了建立良好的关系，被邀请一方也必须要

遵守一定的礼节。

态度不骄傲蛮横，要客气谨慎。

不要忘记自己是代表公司接受邀请的。

适可而止，到适当的时候向对方致谢然后告辞。

第二天还要尽早地通过电话等方式向对方再次致谢。

接待方的礼节及应对步骤：邀请方的基本态度是“愉快地款待”。邀请对方吃饭时，要按照下列步骤进行准备。

Step1 询问对方是否方便接受以及对方的意愿，并确定就餐的日期时间、地点及内容。

Step2 就餐前一天打电话向对方确认前期确定的内容是否有变更。

Step3 就餐当日提前20分钟到达约定地点等候对方。

Step4 说话要谨慎，使就餐能在亲切友好的气氛中进行。

Step5 注意就餐的时间控制，一般计划两小时左右结束。

Step6 在不让对方有所觉察时，得体地付清账款。

TIPS

在参加商务会餐前，先吃点小点心，这样和客户会谈时就不会成为食物的俘虏了。想在商场上获胜，你的餐桌技巧必须要出色。

● **陪同娱乐礼仪——心系工作最要紧**

Q39 **陪同客户到了歌厅，这时你的做法应该是？**

- 请客户选择一曲喜欢的歌曲，然后帮他点播。
- 自己先点，在客户面前展露一下自己的歌喉。
- 一直和客户谈刚才未谈完的项目。

高尔夫球礼仪——超越自我的博弈

高尔夫球讲究礼节，以下几点是球场上应遵守的基本礼仪。

着装礼仪：不论男女，都应着有领的上衣，长裤或及膝短裤，软钉球鞋。

NG 牛仔裤，运动裤，迷你裙，无领无袖上衣，铁钉鞋。

挥杆前的礼仪：应先确认周围有无人立于球可能击到之处，有无石块、小卵石、树枝等，以免挥杆触及飞起而伤及他人。

打球时的礼仪：在发球台或球道击球时所挖起的草皮，应随手拾起补回原位，并请杆弟补沙。

球若不慎打入一沙坑，应从最靠近球的地方进入沙坑击球，击球后应主动将沙坑扒平，以维持沙坑的美观及完整性。

球自高处落下后，在果岭所留下的痕迹应立即修补，以免影响球的滚动。

对方击球时，不可在其后方徘徊，或盯着看打击路线，也不要高声喧哗妨碍对方。

前组球员未走出落球距离之外时，后组不得击球，并在快接近前面组队时，应将速度放慢些，以免造成不必要的纷争。

当你打出的球不易找到时，应立即做手势让后组球员先行通过。

对于距离、球杆的选择，只应与杆弟商量，不得向杆弟以外的人发问。

（图为长江高尔夫俱乐部）

其他礼仪：进入会馆或餐厅时须先清理鞋底并脱帽，注意毛巾勿系在腰间。

打球时间关闭手机。

4小时10分钟内应完成18洞。

如无特殊规定，二球组应较三球组或四球组有优先权，并允许超越之。而单独打的球员无优先权，应让任何球队优先通过。

多带一些备用球。

帮同伴寻找击出的球。

不吃任何零食。

礼仪小百科：中英文对照高尔夫术语

Caddie 球童，Rough 长草，Bunker 沙坑，Pin 旗杆，OB（Out of bound）界外，Fairway 球道，Green 果岭，Men's tee/white tee 男士发球台/白T，Lady's tee/red tee 女士发球台/红T，Cart 球车，Driver 一号木杆，Iron 铁杆，Putter 推杆，Spike 鞋钉，Score 分数，Follow wind 顺风，Against wind 逆风，Par 标准杆，Bogey 标准杆多一杆，Birdie 标准杆少一杆 ，Eagle 标准杆少二杆，Penalty 罚杆，Handicap 差点。

欣赏西洋音乐礼仪——高雅而庄重

开场前：男士着西装，女士穿礼服并化淡妆。

早10分钟入场，如果迟到，就要站在后面等到中场休息时再进场。

若会场有寄物处，把大衣物寄放。

通过座位上的观众时，要面对舞台并紧贴着前排座位的靠背走过去，注意手提包或抱在手上的小孩不要碰到观众的头部。

入座后，摘下墨镜和帽子。

（图为维也纳金色大厅外景）

开演中：不拍照，不摄像。不与身边的观众相互低语、评论。不要接听手机。不翻动节目单。不吃发出响声的零食。不打哈欠、咳嗽。

带小孩来的时候，不要影响周围观众。

为表示对艺术家的尊敬和不影响他人正常观剧，如无特殊情况不要提前退场，如因特殊情况中途需要离开现场，应当在两支曲子之间的间隙轻轻退场。

幕间休息时可以留在座位上，也可以站起来或离开观众席活动。如果同排中的其他人还留在座位上，走过他们身边时应该说“抱歉”，并注意不要碰到他们，特别是踩到他们的脚。

每支乐曲完毕，观众要对音乐家报以热烈的掌声。

参观博物馆、美术馆、展览馆礼仪

禁用照相机或摄影机。

进场时，大型背包、雨伞等一律得留在馆外，以避免身上的东西在走动时碰到展览物品，或是刮伤艺术品。

全馆禁烟、禁食、禁饮以保持参观场地的整洁。

不在馆内对作品评头论足，以让大家都能静心凝神地欣赏震撼心灵的世界名作。

不在欣赏作品的人群中穿来穿去。

严禁以手触摸艺术品或古物。

（图为毕加索美术馆）

歌厅礼仪

点歌时：请客人、女士、长辈、上司先点，切忌一进包厢先自己点个没完。

听歌时：专心致志。当他人唱歌时，交头接耳、随意走动甚至公然退场，都是没有教养和不尊重对方的表现。

当对方演唱完毕时，要以掌声表示认可和感谢。即使演唱者并不在行，也不要发出嘘声嘲弄对方，更不可切断他人正在演唱的歌曲。

听到有共鸣或自己喜欢的歌曲时，不要拿话筒来与对方合唱，即使他唱得没你好。

唱歌时：不做麦霸，每次限唱一首歌。在唱歌过程中，切莫忘乎所以，装疯卖傻。得到在场者的掌声鼓励，要表示谢意。

● 馈赠礼仪——避开送礼的雷区

Q40 初次见面的日本客户就要回日本了，你去机场送别，为了表示谢意，你应该赠送什么礼物？

- 刻录客户名字的印章。
- 名贵但易碎的陶瓷。
- 工艺品。

礼品的选择：对彼此间的关系状态要有清醒准确的把握。

对象：老友与新朋、异性与同性、中国人与外国人……选择礼品时一定要有所分别，具体关系具体对待。

了解受赠对象的兴趣爱好：如果所赠礼品适应了受赠对象的兴趣与爱好，受赠对象会格外高兴，因为他感受到了你的尊重和用心。

要注意受赠对象的禁忌：禁忌就是因某种原因（尤其是文化因素）而对某些事物所产生的顾忌。禁忌的产生大致有两个方面的原因，一是纯粹由受赠对象个人原因所造成的禁忌；二是由于风俗习惯、宗教信仰、文化背景以及职业道德等原因形成的公共禁忌。

礼物的“轻重”要适当：应该视双方的关系、身份，送礼的目的和场合，加以适当掌握，不可太菲薄，也不可太厚重。一般来说，礼品应小、巧、少、轻。小，是指要小巧玲珑，受赠方易保存；巧，是指要立意巧妙，不同凡响；少，是指要少而精，忌多忌滥；轻，则是指要轻巧，便于提取。

赠送礼品的时机：在接待工作中，馈赠礼品多为留下纪念之用。因此，赠送礼品应在临行送别之际进行；或在来宾签到之时，将有关材料和礼品一起交给签到者。另外，在元旦、春节、中秋、圣诞节、公司成立纪念日和大客户的生日等特殊的日子送礼，被拒绝的可能性很小。

赠送礼品的方式：赠送礼品之前，要认真检查一下礼品的质量。瓷器、玻璃器皿等要检查有无裂痕或缺损。食品必须十分新鲜，快过保质期的不能送。

正式赠人的任何礼品，事先都要精心进行包装。如果不包装就送人，对方会产生被轻视之感。可选用不同彩色的包装纸和丝带装饰礼品。在信奉基督教的国家中，应避免把丝带结成十字交叉状。

赠送礼品的举止：当面赠送礼品时，要起身站立，面带笑容，目视对方，双手把礼品递送过去。递送礼品、致词之后，要与受赠对象热情握手。不要悄悄地乱塞或偷偷地传递礼品，给人鬼鬼祟祟的感觉。

在面交礼品时，说话一定要得体。千万不要说什么“是临时为您买的”、“这是我家里用不完的”、“没花几个钱”等，你的本意可能是劝对方不要拒绝，但容易被对方当真，产生不被重视之感，尤其是赠送西方客户时一定不能过于谦虚。

赠送礼品的时间间隔：不能过于频繁地给商务伙伴送礼，会让对方觉得你有所图。也不能间隔时间太长，突然给商务伙伴送礼，会让对方觉得你无事不登三宝殿。

TIPS

- 带有广告标志或广告语的礼品，再精美也不能赠送给商务伙伴。
- 礼品的价格标签一定要撕下。
- 私人物品不能随便送给商务伙伴，尤其当对方为异性时更要注意。
- 给欧美国家的商务伙伴送礼时，最好附上一张小卡片，表达你的感谢和祝福。

展会接待礼仪——你就代表公司品牌

展台整体形象和工作人员的言行举止传递给客户永久的第一印象，左右着客户对品牌的感受（喜爱或讨厌）。

Q41 **你的同事先去午餐了，这时一下进来五位客户，争先恐后地问你产品，你的做法是？**

- 面带微笑，耐心地回答他们每个人的问题。
- 大声对客户说一个一个来，这么多人，我先回答谁啊。
- 不耐烦地说怎么早不来晚不来，午餐时候来。

基本礼仪：着装要和展台的颜色相协调，并有统一整体的识别标志（服装样式、颜色、剪裁等要统一，佩戴胸牌）。

手机只能在展台外使用，不在展台前喝饮料、进食。

不要靠在展台的柜台上。展台工作人员之间不说笑、聊天，离开展台时要和其他工作人员说一声。

对于路过展台的每一位参观者，要一视同仁并展现出微笑，并毫不迟延地马上为对方服务。

无论是什么样的展示，布置一定要方便对方观看。

接待一个人时的礼仪：不要所有工作人员都虎视眈眈地盯着一个人，客户对产品提问时只要一位工作人员回答即可。

一对一解说时，其他人之间说话的音量要降低。若客户对产品有质疑，其他人不能跟着起哄。

客户离开时，所有工作人员应微笑致谢，不能视而不见。

接待多人时的礼仪（被太多的参观者突然一下子围住展台时）：时刻记得大家是一个团队，不能有等级观念。

对等候中不耐烦的客户要进行分流。

最好预先假设一些客户有可能提出的问题。

对有可能冲突的场景应先进

（图为在上海花园饭店内举办的宴会前对礼仪工作人员进行指导）

行培训并彩排。

团队所有人员应对客户的提问统一口径，切忌七嘴八舌。

看到很多人围上来时，不发牢骚："今天怎么这么多人" "刚走了一批又来了一批""累死了"等。

遇到午餐或疲惫时，不情绪化，切忌向客户发脾气。

（3）接待后的送客礼仪——留给客户的末轮效应

Q42 客户和你谈完合同后，从会议室走出来准备回去，你的做法是?

- 反正刚才在会议室谈得很投缘，就不用客气了，在会议室门外和他说再见。
- 送到电梯门口。
- 送到电梯门口，再致谢，目送电梯门关闭后再离开。

送别宾客时留给宾客的印象叫"末轮印象"。如果留给宾客的首轮印象良好，但送别时有失礼貌，同样会给宾客留下不好的末轮印象，使接待工作以失败告终。送别是接待工作的最后环节，接待人员一定要有始有终，谨慎细心。

- **送别宾客的程序**

Step1 安排交通工具：了解来访宾客的离程时间以后，要及早预订机票、车票或船票，安排送行人员和车辆。因为来访者可能身处异国他乡，人生地不熟，如果接待人员能为之代劳，他一定会感激万分。

Step2 赠送或交换纪念品：迎来送往过程中往往需要在适当的时候向对方赠送礼品以沟通感情，作为接待方一般选择客人即将动身离别前赠送纪念品。

- **送别时间**

一般在客人离开的当天或前一天为客人送行。临别前一天送行，应到客人住地热情、诚恳、有礼地对招待不周表示歉意，征求客人的意见，询问客人还有什么困难需要帮助解决等，然后道别。客人返程的当天送行，一般应送到车站、码头或机场，陪同客人候车、候船或候机，直到火车、轮船或飞机启程后再离开。如果自己不能前往，应向客人说明原因，表示歉意。

要怀着对客人能来公司访问的感谢之情送别客人。

● 各种不同送行场所的送行方式

在屋外和门前：在门口处再一次向来宾致谢。例如."真是抱歉，只能送您到这里了。对于您今天的到访真是十分感谢。"

在电梯前：要一起走到电梯门口，亲自为客人操作电梯按钮。电梯门未关闭时不要接听电话、发短信和别人说话。

在酒店：提早10分钟到达大堂等候客户。问候客户，寒暄一番。在客户乘车离开时，先将客户送至车上，并致谢。在汽车开动时向客户挥手致意。目送汽车开动，直到从你的视线消失为止。

在车站、机场：根据车次、航班的时刻，出发前及时与负责行李的部门、人员约定提取行李的时间。到达机场、车站后要安排好客人等候休息。办理好有关手续后要将有关票证、证件等一齐交给客人。送客人到入口处，再次致谢，并期待尽快再次见面。

规格较高的来宾，还要在机场或车站举行送行仪式，致简短欢送词。

慎终如始，则无败事。

——老子

TIPS

●在公司内，见到不认识的客户也要含笑致意。

●一般说来，主人应该首先到达。但如果是高层人士接见，那这位人士可以在客人到齐后再到场。

●出入有人控制的电梯，让客人先进先出。出入无人控制的电梯，让客人后进先出。感觉电梯内超员了，有铃声提示时，应该请客人先上，自己迅速出来，向客人微笑、欠身致意。

● 赢得国际客户好感和尊重的前提是真诚、诚实；用自己的观点对事物加以客观地评论（从评论中可以看出一个人的修养、学识和胸怀）；少谈金钱，多谈论艺术、旅游、食物、家庭等；守时；尊重一切劳动；恪守承诺；记住对方家庭成员，包括宠物的名字；馈赠不宜贵重；不沉默不语，也不滔滔不绝；在下榻的酒店客房内放置鲜花、水果、贺卡；在车上备有介绍当地景点及风俗民情的小册子。

第四篇
在国际商务宴会上游刃有余

1. 赴宴礼仪

（1）赴宴前的准备

Q43 假设你被邀请参加一场宴席，在请帖上写明了“出席与否请告知”，你应该？

- 到时再看情况，先不表态是否出席。
- 感谢被邀请，然后及时告知是否出席。

故事：临时参加被拒门外的田中部长

（图片摄于我在日本IE协会年会的演讲前）

某年12月中旬，我被邀请参加东京某家企业成立30周年大型谢恩会。那天，步出电梯就感受到日本人严谨、细致的工作态度，楼层的每个角落都有西装笔挺的工作人员迎候宾客的到来，见到任何人都主动问候“こんにちは！いらっしゃいませ”(你好，欢迎光临)。脸上的笑容是延伸的，无论你回头看还是侧面看，他们始终在真诚地微笑。在受付处(日语，意思是宾客签到处)，我刚递上名片，身旁传来位男士的声音：“您好，我是××公司的田中　一郎”受付小姐笑容可掬地问道：“请呈递名片，谢谢。”

男士把名片递上之后，受付小姐在参加名簿中仔细找了一下，没有找到，于是她就面带歉意地说：“实在抱歉，能告知您是何时回复参加大会的吗？”男士略显着急，加快语速：“我出差刚回东京，还没回复。”受付小姐看着田中先生着急的表情，茫然不知所措。

收到请柬时

确认：接到请柬后，应及时确认宴请的主人对时间、地点及服饰的要求（国外许多正式宴会会在请柬上注明对客人服饰的要求），是否邀请了配偶，你的上司是否能届时出席，确认自己是否在相同的时间已经另有安排。

回复：宴会开始前两周，将对方随信寄来的回信用的明信片寄回，告知对方自己是否出席。当你不能参加但需要祝贺时，根据宴会的种类采取不同的应对方法：

婚礼：打电话祝贺，赠送贺礼。

晋升、荣迁：打电话祝贺，工作调动的人要赠送饯别的礼金或物品。

贺寿：赠送礼物。

开业典礼、毕业典礼、竣工典礼：赠送祝贺的礼物。

● 赴宴的礼服——既给宴请活动带来了隆重的气氛，也使主人感觉受到尊重

礼服种类：

男士礼服：

正式礼服：白天——晨礼服；晚上——燕尾服（黑色领结，燕尾服属正式派对服饰，一般晚上7点以后才能穿）。

准礼服：白天——指挥服；晚上——无尾晚礼服。

简礼服：黑色西装（普通的）。

女士礼服：

正式礼服：白天——昼礼服；晚上——晚礼服。

准礼服：白天——昼礼服；晚上——非正式晚礼服或晚会女便服。

简礼服：白天——非正式昼礼服；晚上——晚会女便服。

着装要点：

款式：强调女性窈窕的腰肢，夸张臀部以下裙子的重量感，肩、胸、臂的充分展露，为华丽的首饰留下表现空间。例如，低领口设计，以装饰感强的设计来突出高贵优雅，有重点地采用镶嵌、刺绣，领部细褶、华丽花边、蝴蝶结、玫瑰花，给人以高贵典雅的印象。

面料：以社交为目的，为迎合社交场合夜晚奢华的气氛，选材多是丝光面料、闪光缎等一些华丽、高贵的材料。

不同身材不同式样：

身材娇小玲珑者：适合中高腰、腰部打折的礼服，以修饰身材比例。应尽量避免下身裙摆过于蓬松，肩袖设计也应避免过于夸张。上身可以多些变化，腰线建议用V字微低腰设计，以增加修长感。

身材修长者：天生的衣架子，任何款式的礼服皆可尝试，尤其以包身下摆呈鱼

尾状的礼服更能展现身姿。

身材丰腴者：适合直线条的裁剪，穿起来较苗条。花边花朵宜选用较薄的平面蕾丝，不可选高领款式。腰部、裙摆的设计上应尽量避免繁复。

配饰：

晚装包：带有光泽感的黑色小提包最适合用来搭配晚礼服，轻巧地提在手上或挂在手腕，既高贵又华丽，放点随身小物，可以随时保持好风采。

实用又美观的黑色礼鞋：黑色高跟鞋是晚礼服的好搭档，在鞋跟高度选择上，最好是让礼服略微盖过鞋子，露出一点鞋面，会让整个人显得高挑。

最后确认

出门前再次确认以下事项：

□ 邀请卡是否带上。

□ 日期、时间、地点是否无误。

□ 自己的衣着打扮与邀请卡上所明示的服饰指示是否配合。

□ 带给主人的礼物是否预备，包装纸有无破损。

□ 若给多人礼物，是否有标记。

□ 名片数量是否充足。

□ 所有纽扣是否均已扣上。

□ 饰物佩戴是否得宜。

□ 香水是否过浓。

□ 衣服如属于吊带晚装是否“走光”。

□ 手指甲是否洁净，指甲油有没有脱落。

□ 鞋子是否合适，鞋跟是否太高。

□ 有无带备用的丝袜等。

TIPS

在宴会上成为窈窕淑女很容易，只要善用“直线条”即可，如长项链、细长丝巾、长背心、外套的前开襟等，记住，越长越显瘦喔！

礼仪小百科：宴会上的宠儿——世界顶级奢侈品牌中英文对照

Cartier卡地亚、Chopard萧邦、Comme des Garcons川久保玲、GUERLAIN 娇兰、HERMES爱马仕、Jean Paul Gaultier让·保罗·高提耶、PRADA普拉达、CHANEL香奈儿、BOTTEGA VENETA宝缇嘉、CHLOE珂洛艾伊、MIU MIU缪缪、BALLY巴利、BVLGARI宝格丽、LANVIN 浪凡、LONGCHAMP珑骧、LOUIS VUITTON 路易·威登、PIAGET伯爵、LOEWE罗意威、CELINE思琳、Berluti贝鲁堤、KENZO高田贤三、Marc Jacobs马克·雅各布斯、 FENDI芬迪、Thomas Pink汤玛斯品克、Donna Karan唐纳·卡兰、 Yves Saint Laurent伊夫·圣·洛朗。

(2) 赴宴中的礼仪

● 时间——国际惯例中的“准时晚到制”

国际惯例中的“准时晚到制”是说比规定时间晚几分钟到达，可以让女主人有充裕的时间准备，但也不要晚到10分钟以上，显得失礼。逗留时间在一定程度上反映对主人的尊重程度，应根据活动的性质和当地的习惯掌握。迟到、早退、逗留时间过短，都被视为失礼或有意冷落。一般应在主宾退席后陆续告辞。如确实有事需要提前退席，应向主人说明后，悄悄离去。

● 到达时的礼仪——先脱衣帽的礼节

先到衣帽间脱下大衣和帽子，然后前往主人迎客处，向主人问好。按照西方人的习惯，可视情况向主人赠送花束。花要在宴会开始前送达。

入座礼仪——了解桌次和座位

进入宴会厅前，先了解自己的桌次和座位。入座时注意桌上座位卡是否写着自己的名字，不可随意乱坐。

入座时要从椅子左侧就座，如果餐中要出去，也从左侧退出。切忌慌慌张张、左顾右盼，更不可一屁股坐下，这是没有教养的表现（详见第二篇肢体语言管理）。

如果你是一位男士，邻座是年长者或女士，你应主动为其拉开椅子，等待她们坐下后再自己入座。

入席后坐姿端正，把脚踏在自己座位下，不要把手放在邻座椅背上，不要将包放在旁边的空位上。应向周围微笑致意，可以和邻座客人简单交流。

中餐桌次排列1：两桌横向排列时，以面向正门为准，右为尊；两桌竖向排列时，以面向内门为准，内为尊。

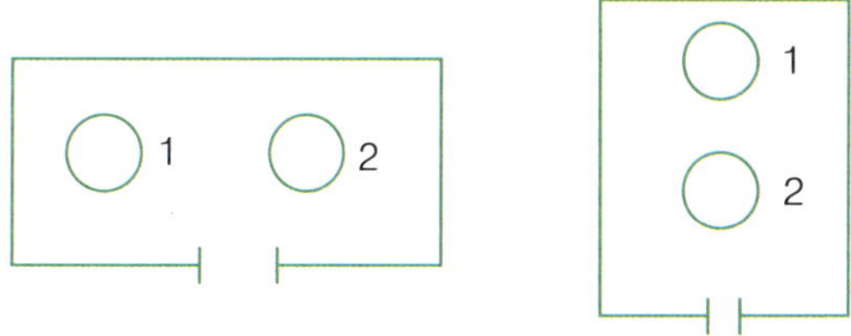

中餐桌次排列2：两桌以上桌次排列时，以正门为准，主桌离门越远，面门为尊；其他桌以距离主桌越近为尊。

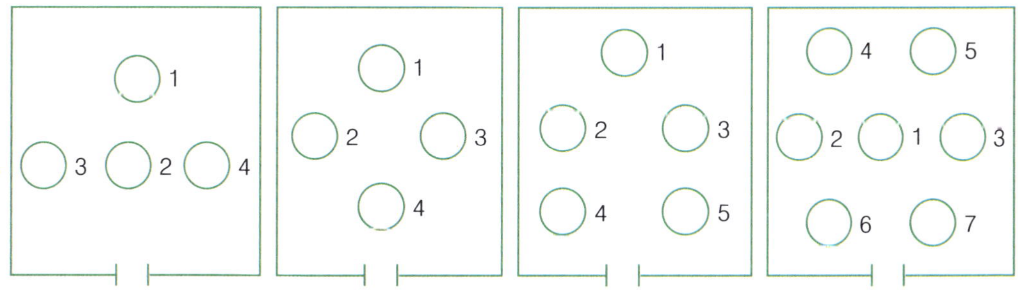

西餐座次1：男、女主人在长桌对面落座，女主人右侧坐男主宾，男主人右侧坐女主宾。

西餐座次2：男、女主人在长桌两端落座，女主人右侧坐男主宾，男主人右侧坐女主宾。

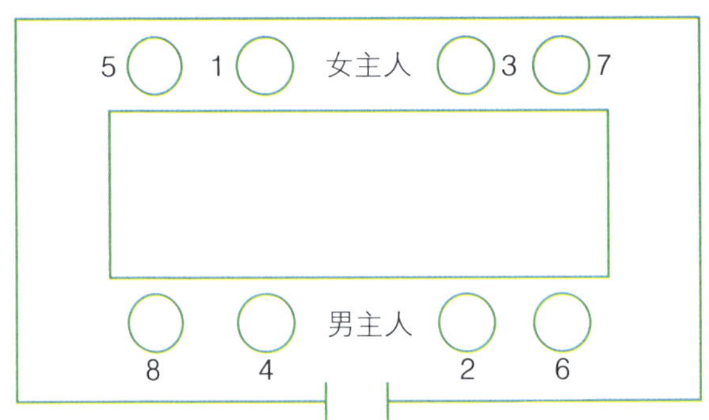

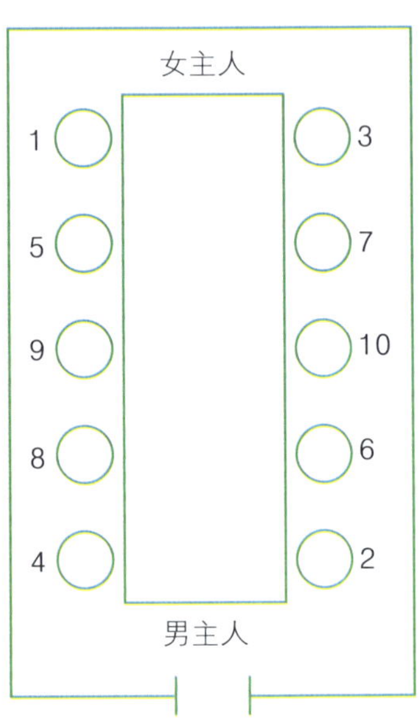

宴席开始时的礼仪——餐巾符号学

主人打开餐巾是一种开始的信号，在座的宾客就要拿起餐巾，铺放在膝盖上，然后举杯敬酒。

轮流传递取菜：由主人开始顺序取用，菜量根据用餐人数早已确定，要酌量取用，避免后面的人面对空盘无菜可取而显得十分尴尬。

所有人取菜之后，必须待主人开动，其他人才可跟进用餐。应主动与同桌人交谈，特别注意同主人方面的人交谈，不要总是和自己熟悉的人谈话。

当主人把餐巾放在桌上并站起来时，表示用餐到此结束。用餐完毕，向主人致谢。

（图为2011年日本世界兰花大展优秀作品）

- **告辞礼仪——得体的告辞技巧**

一般应在主宾退席后告辞。如确实有事需要提前退席，应向主人说明致歉后离开。告辞前先和女主人握手，再和男主人握手致谢。

没有良好的礼仪，其余的一切成就都会被人看成骄傲、自负、无用和愚蠢。

——英国大哲学家 约翰·洛克

TIPS

●宴请，指盛情邀请贵宾宴饮的聚会，是国际交往中常见的活动之一。因不同国家、不同民族的风俗不同，饮食习惯、饮食礼仪也不尽相同。在参加外事宴请活动时一定要“入乡随俗”，按照当地的礼仪规范行事。如果有领位员引导宾客入座，客人要走在领位员的后方，不可超前。如果男女一同赴宴，男士宜走在女士左后半步的位置。

●以右为尊是欧美席次排列中一个重要的规则。主人安排座位时，通常会把男、女主宾排在男、女主人的右手一侧。男女交叉落座有利于相互交流及男士为女士服务。

●若主人诚心诚意地非让你点菜不可，则可根据自己的喜好点一个开胃菜、一个主菜，外加甜点和咖啡。同类菜不要点两种。

●若你在主宾离席前离开，注意勿影响其他客人。向主人提出有事先离开时，请勿在对方刚说完话后立刻提出，而应在自己说完话后提出。

2. 西餐礼仪——不触犯他人的感觉

对用餐礼仪最大的考验就是要不触犯别人的感觉。

——世界著名礼仪专家　艾米莉·波斯特

Q44 你被邀请出席西餐宴会，你坐的长桌上左右都有面包，哪个方位的面包是你的？

- 自己座位的左上方。
- 自己座位的右上方。

故事：觉得吃西餐太累的学生

有次在西餐厅实操时，学生普遍反映吃西餐规矩多，嘴里的东西不能直接吐出来，打嗝要说“excuse me”，刀叉不能发出声音，上半身要保持挺直，嘴巴里有食物又不能讲话……太多规矩。其实，每个国家都有约定俗成的规则，离不开它生存的土壤，吃西餐的规则就是不触犯别人的感受。

（1）西方关于吃饭的两层意思

一是吃饱(feeding)，即填满肚子，通常feeding是指在快餐店用餐，像麦当劳、肯德基或三文治之类的快餐；二是有情趣的品尝(dining)，西方人的传统dining餐厅环境是很安静的，背景灯光较幽暗，餐桌有点燃的蜡烛，没有喧哗，偶尔伴有优雅轻柔的音乐。

（2）西餐的精髓——体现人文主义

西餐讲究礼仪，目的在于交际。所有对客人的敬意，都要在征得对方的同意下进行。不代客夹菜、不劝酒。

（3）餐桌布置规则——固体在左，液体在右

固体的在左边（面包、调味料），液体的在右边（香槟、红酒、水、咖啡、红茶等）。

（4）西餐正餐的上菜顺序

TIPS

主盘配菜常置于主菜的上端，使用配菜，可以辅助主菜达到整个菜肴统一和谐，增加视觉美观。

配菜的三种形式：

① 以马铃薯和两种以上颜色蔬菜为一组的配菜，多用于煎、炸、烤的肉类菜肴。

② 用马铃薯单独制作的配菜，大都依据菜肴的风味特点来搭配。例如，煮的海鲜用煮马铃薯(Boiled Potato)，烧制的羊肉用里昂炒薯(Lyonnaise Potato)，牛扒用法炸薯(French Fried Potato)等；

③ 用少量饭或少量面作为配菜，大多用于意大利菜肴，也有海鲜主食菜配面的。

（5）刀叉使用礼仪——由外及内

根据上菜的顺序由外至内使用。

右手持刀，左手拿叉。轻握尾端，食指轻按在柄上。

刀叉或餐巾掉在地下时，不要自己去拣，训练有素的服务员会前来更换。

就餐小憩中，刀叉要成“八”字状放在碟上。刀刃朝内，叉背朝上。

只需用叉时将刀放回原位，不要放在碟上。

就餐完毕后，叉背向下，刀刃朝内，并斜排放在盘子中间（10点20分方向）。

炸薯片、烤羊腿等食物，可以用手取食。取食时，仅用拇指和食指拈取，食后用洗指水时切忌两手同时伸进碗里洗。

TIPS

盘子上方的叉子与汤匙是吃点心用的，刀口永远要向内。

（6）优雅就餐——端正姿势

坐下后，第一件事就是把桌上的餐巾拿起来放在膝上，把食物用刀叉送到嘴里。当你需要临时离席，但还想继续就餐的时候，西餐通用的惯例是将餐巾放在椅子上，表示自己还要回来。

吃面包：在面包碟上将面包掰成一口大小的小块，如果需要的话用小刀在面包上抹上黄油食用。

喝汤：用汤匙由内向外舀起送入口内。即将喝净时，可将汤盘向外略托起。

吃鱼：首先用刀在鱼鳃附近刺一条直线，注意刀尖不要刺透，刺入一半即可。将鱼的上半身挑开后，从头开始，将刀放在骨头下方，往鱼尾方向划开，把骨剔掉并挪到盘子的一角，最后再把鱼尾切掉。 食用时由左至右，边切边吃。吃带有腥味或怪味的食品时，均配有柠檬，可用手将汁挤出滴在食品上，以去腥味。注意要用手遮住，以免柠檬溅到别人身上。

吃蟹：应先吃钳子再吃身体。拽下蟹的钳子放在一边，从打开的一端轻轻地把肉吸出，接着再吃身体部分。

吃蜗牛：用配有的特别夹具左手压住壳，右手把蜗牛肉取出来。

吃牛排：从肉的左侧开始，将肉切成一口大小的易于食用的小块食用。切忌用叉子把整块牛排夹到嘴边，边咬边咀嚼边说话。吃西餐要遵守西方饮食习惯，安静就餐为礼仪方式。有的客人不会使用有锯齿的锯肉刀，还特别用劲锯盘子，锯得整个大厅都是刺耳的“咯吱……咯吱”声，锯得别的客人都心发冷、头出汗。当侍应向你询问牛排煎几分熟时，你要告诉他。通常牛排的生熟度分三种：

三分熟：牛排鲜嫩，汁水多。

五分熟：品尝到美妙的牛肉原汁。

七分熟：肉质坚韧。

> TIPS
>
> - *两岁左右的牛肉叫Beef。*
> - *用餐完毕后把餐巾放在餐具右边。*

吃意大利面：挑选四五根（卷起来正好一口）使用叉子沿顺时针方向卷，面条不散酱汁匀称的技巧是叉和盘子垂直。初学者可以拿勺子当底托，叉住四五根面条在勺子里飞速顺向旋转，这样就可以轻易如愿地吃到香美的意大利面，技巧是叉和盘子60度，正好一勺，卷完后能看得到叉的顶端，若看不到就说明卷得太多了。

吃甜瓜：从甜瓜片的右边开始用刀将皮削掉，然后从左边开始将甜瓜切成一口大小食用。

在一些正式的宴会上，服务员在上完主菜后，会立即上冰糕，通常是柑橘味的，这不是餐后甜点，酸冷的雪糕是让你的味蕾在品尝一道大菜之前或后稍微休息一下。

盐和胡椒：先试一口食物再加盐和胡椒，不能起身去拿，应请就近的人递给你。

TIPS

●骨渣应放在食盘的右上角。

●欧洲人的习惯是边切边吃，而美式吃法是用刀切割完后，把刀放在食盘右侧，单用叉子取食。

●比萨饼不上正式晚宴的餐桌，可以用手拿着吃。

（图为比萨饼基本款：玛格丽特）

20大NG的就餐行为

①把臂肘和手臂搁在桌上。

②在切肉时，把胳膊肘伸得太开（应将胳膊尽量靠近自身）。

③在商务会餐时把手机放在桌上，当着客人的面接听。

④起身时，扭头就走（你得对旁边的人轻轻地打个招呼，然后安静地走开）。

⑤嘴里塞满食物时说话。

⑥倚靠在椅背上。

⑦在餐桌上梳理头发、化妆、用牙签等。

⑧大声地咀嚼，打嗝，磨牙。

⑨拿着刀、叉和汤勺边挥舞边说话。

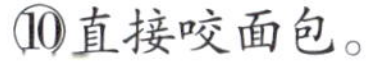

⑩直接咬面包。

⑪猫食：脸太贴近碗，碗要罩住脸的样子。

⑫不管周围人的速度，自己闷头猛吃。

⑬用嘴“呼呼”地吹热汤。

⑭用刀指对方。

⑮喝咖啡时用汤匙舀着喝。

⑯只顾和自己人讲话。

⑰把餐巾用来擦脖子抹脸。

⑱当着客户面斥责服务员。

⑲除了小孩，餐巾不宜挂于胸前。

⑳喝汤时更不应端起汤碗喝。

观点

参加商务宴会的目的不在于吃，而是通过与客户共餐达到相互交流及彼此信任的目的，所以在就餐过程中需要始终保持优雅的仪态，它既体现了个人教养，也代表了企业形象。

礼仪小百科：常用西餐菜谱中外文对照

1. 头盘(也称开胃小菜)

目的：平息饥肠和刺激食欲。

特点：量少，多是果、菜加适当的酒，腌或熏制的海鲜、肉类，或用新鲜的水产配以美味的汁，及一些带酸味和甜味的沙拉等。

鱼子酱(Cavior)：一般配柠檬(Lemon)、蛋黄(Egg Yolk)、蛋白(Egg White)、洋葱碎(Chopped Onion)食用。

鹅肝(Foie Gras)：加红酒(Red Wine)和香料水果(如苹果)煎制后食用。

生蚝(Fresh Oyster)：用新鲜的生蚝(牡蛎)加柠檬汁或鸡尾汁(番茄汁加辣油汁)食用。

熏三文鱼(Smoked Salmon)：将三文鱼用烟熏制而成，食用时应搭配柠檬、洋葱片。

沙拉类(Salad)：一般分为蔬菜沙拉、水果沙拉、土豆沙拉和肉、海鲜混合沙拉。

2.汤(Soups)

南瓜汤(Pumpkin Soup)

意大利蔬菜汤(Italian Minestrone Soup)

奶油汤(Cream Soup)：以油性炒面粉加牛奶、清汤(Consomme)、奶油(Cream)和一些调味品制成的汤类。

在奶油汤中加蘑菇就成为奶油蘑菇汤(Mushroom Cream Soup)，加上蔬菜就成为奶油蔬菜汤(Vegetable Cream Soup)。

还有法式洋葱汤(French Onion Soup)。

3.主菜(Main Course)

炭烧牛柳（精选上等牛柳配胡椒汁或烤洋葱、蒜汁，配土豆泥或炸薯条）：Char-grilled (Tenderloin of Prime Beef with Classic Peppercorn Sauce or Roasted Onion & Garlic, and Mashed Potato or French Fries)。

T形骨牛排（T-bone Steak）、黑椒牛排（Char-grilled Steak with Pepper Sauce）、新西兰羊排（New Zealand Lamb Chops）、日式烤三文鱼（Roasted Salmon Japanese Style）、芝士焗鳕鱼（Baked Cod with Cheese）。

4.常见的意大利面食(统称 Pasta，原意是“经搓揉过的面团”，中文简称意粉)

(1)分类

在意大利有超过130种不同形状的干面，国内常见的有以下几款：

字母面（Alphabets，小朋友的至爱）、通心粉（Macaroni）、蝴蝶结面（Bow Ties、Butterflies）、尖面（斜管面，Penne、Mostaccioli）、大通心面(袖筒面，Manicotti)、意大利面条（Spaghetti）、螺旋通心粉（Rotini、Fusilli）、千层面（Lasagne）。

(2) 常见的几款经典意大利面菜单

- 传统意大利肉酱面（Spaghetti alla Bolognese）。
- 奶油培根面（Spaghetti alla Carbonara）：传统烹制方法配以洋葱、烟肉、蘑菇、淡奶油烩制而成（Tradition Carbonara Sauce with Onions，Bacon，Mushrooms & Whipping Cream Cooking）。
- 那不勒斯意面（Spaghetti Neapolitan）：搭配新番茄汁和罗勒酱（with Fresh Tomato and Basil Sauce）。
- 辣味意大利面（Spaghetti Aglio Olio e Peperoncino）：使用蒜泥、辣椒烹制，所以餐后要见客户的话尽量不要吃或吃后漱口。
- 蒜香番茄意大利面（Spaghetti con Salsa di Pomodoro）。

5. 甜品（Desserts）

芝士蛋糕（Cheese Cake）

提拉米苏（Tiramisu，意大利甜点）

鲜果盘（Fresh Fruit P

6.其他常用单词

面包（Bread），还有奶油（Butter）、芝士（Cheese）、橄榄油（Olive Oil）、圣女果（Cherry Tomatoes）。

3. 世界三大料理之日本料理——敬的艺术

Q45 你在日本温泉，晚餐时，穿着和服的服务员端来了精致的日本料理，这时你的做法是？

- 听完服务生对食物的说明后，致谢，再动筷。
- 饿了，先吃再说。
- 边吃边听。

故事：原色原味的日本料理

近年有许多金发碧眼的厨师不远万里来到日本取经。在讲究健康、低卡路里的流行美食潮流下，日本料理已悄然成为全球新兴的时尚美食流行代表。

喜爱品尝日本料理的人都会说："日本料理是艺术，是用眼睛吃的。"日本料理体现了一种尊重食物的态度。料理师在烹制过程中一丝不苟，而品尝的人也体现了尊重自己、尊重料理人、尊重食物的态度，先调动视觉欣赏，再品尝它的新鲜度、美味度，之后再回味一番。日语称为"余韻"。日本料理，也称和食，被全世界美食家公

认为一丝不苟的饮食，无论是餐桌上的摆设方式、餐具器皿的协调（每道菜都用不同的器皿），整体用餐的格局都极尽严谨、和谐，像是艺术，客人在吃之前，先要让视觉来享受一番。料理师充分挖掘食材的原本味道和最大营养，通过生、煮、烤、蒸、炸五法，让料理在享用者面前以甘、甜、酸、苦、辣五味，呈现出白、黑、黄、红、绿五色的天然美味和视觉美感。

每当有人问起日本生活感想时，我就用一个字概括——敬。刚到日本时，看到警察毕恭毕敬在亭前为问路人查看地图，百货公司的营业员们毕恭毕敬地恭候客户，司机毕恭毕敬地看着乘客上下车，园丁毕恭毕敬地修剪花枝，泡茶者毕恭毕敬地沏茶，很受感动。日本人不仅对人使用敬语，也对水、饭、碗、筷、花等天地间的万事万物使用敬语。每次在温泉、旅店品尝和食时，在饭桌上有一张料理长亲手书写的菜单，上面写明料理的名称，包含食物和素材。客人点菜之后会有服务员毕恭毕敬、小心翼翼地把料理端到客户面前。

每上一道菜，服务员就会满怀敬意地请客户边看菜单边对照料理，并说明菜名的由来、素材的产地、烹调的方法，品尝料理之人也会怀着敬意和感谢之情举筷。

日本人用这种“敬”的态度去生活，去工作，去对待天地之间的万事万物。

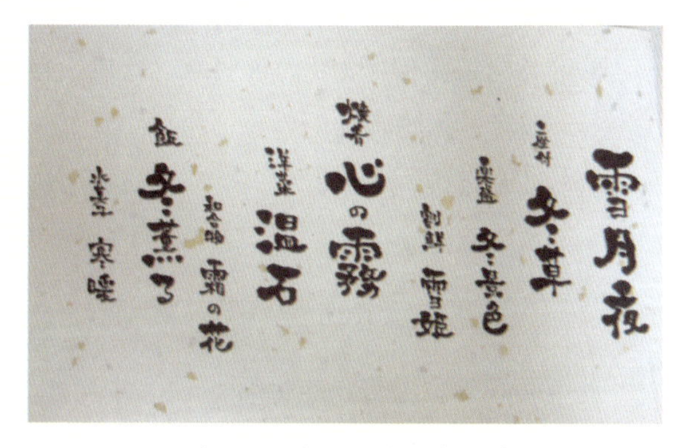

（图为日本雪月花温泉菜单）

与其礼有余也，不如敬有余而礼不足也。

——子路

（1）日本料理的特点与精神——对食物的尊重

基本特点：季节性强，保持原味，精致、细腻，色彩鲜艳。

精神：“原”，尊重原料的原色和原味，烹制过程中倾注了料理师对食物原料全部的认知和情感。日本料理的代表是怀石料理。怀石料理因禅师修行时为了忍住饥饿而将温过的石头抱在怀中而得名，因此是一套富含禅意、量少而精致的料理，也成为日本料理的代表。

(2) 品尝日本料理礼仪

进包厢时放置鞋具的礼仪

进包厢时让鞋头朝外尽量往里放，以免绊倒穿梭于走廊中的其他顾客，同时应从两侧往中间摆放。进入包厢后，应侧身蹲下将鞋子调转成穿的方向，并摆放整齐。

进包厢后如何确定自己的位置

进入和室的包厢后，主人或上司应该坐在靠内离门口最远的地方，而职位最基层的人，则坐在离门口最近的地方，方便帮忙传菜或关门。如果是私人聚会，通常会由该付钱的人坐在离门口近的地方。如果有“床の間”（相当于中国室内的壁龛）的话，背靠“床の間”的位置为最上座，床棚（和室中“床の間”旁安放架子的空间）前的位子为次席。

坐定后如何放置随身物品

雨伞不可带入包厢；大衣、风衣挂在衣架上（若是下雨、下雪天，最好在包厢外脱去大衣，避免把雨雪珠带入包厢）；公文包或手提包放在统一的角落里。

包厢内的坐姿礼仪

正式的坐姿应该是双脚跪坐，大腿压住小腿，左右脚掌交叠；也可以双脚弯成倒V字，斜坐在垫子上。特别要注意的是不能用脚踩踏垫子。当前一般来讲日本的和式餐厅中都有少部分包间有掘りこたつ（就是和式桌下有方形凹槽），不习惯跪坐的人就顺其将脚直放。

● 持酒杯和斟酒的礼仪

男性持酒杯的方法：用拇指和食指轻按杯缘，其余手指自然向内侧弯曲。

女性持酒杯的方法：右手拿住酒杯，左手以中指为中心，用指尖托住杯底。

斟酒：两人对饮时，第一杯的话，必须先帮对方斟酒，以示敬意，接下来形式自由。

无论是啤酒或者清酒，斟酒时，都由右手拿起酒瓶，左手托住瓶底。接受斟酒时，要以右手持杯，左手端着酒杯底部。当被斟啤酒时，被斟者应该右手握杯，左手托底，随着倒酒的速度变化酒杯的角度，一来可以控制啤酒泡沫的量，二来也是与斟酒人的一种沟通，缩短彼此间的距离。

TIPS

如果是女性的话，无需为男性斟酒，即便对方是上司。

● 筷子摆放的礼仪

筷子取出后，筷袋应纵排于食物左侧，或放置在坐垫旁，筷子则横摆。用餐中途要将筷子放回筷枕，一样要横摆，筷子不能正对他人。筷子如果沾有残余菜肴，可用餐巾纸将筷子擦干净，不可用口去舔筷子，非常不雅观。如果没有筷枕，就将筷套轻轻地打个结，当做筷枕使用。用餐完毕，要将筷装入原来的纸套内，摆回筷枕上。不要将用过的餐具叠放在一起。

● 使用芥末的礼仪

蘸佐料时应该蘸前三分之一，并轻轻蘸取，不要贪多。其实佐料少量，才能吃出鱼片的鲜度与原味。将生鱼片盘中的芥末挖一些到酱油碟子内，与酱油搅拌均匀。但这样无法直接体会到鱼自身固有的新鲜和甜味，以及区别于其他鱼品种的独到之味，最好的方法就是将芥末蘸些到生鱼片上，再将生鱼片蘸酱油吃。

● **用餐完毕的礼仪**

主人会对客人说“谢谢您今天的赏光，很荣幸与你用餐”等礼貌用语；而客人如果是晚辈，也会回应“谢谢您的招待，今天用餐很愉快，餐点很美味。”第二天，可打电话回礼一次，谢谢对方昨日的招待。

● **其他礼仪**

除了吃面时可发出窸窣声外（表示非常好吃，这是传统的日式礼仪），品尝其他菜肴时候不能有声音。

使用有盖子的餐具时，用左手端餐具，右手打开盖子。用完后照原样盖上盖子。

用碗吃饭或喝汤时，应用手端起，而不是猫食（头凑下去就碗）。

TIPS

喝味噌汤时，左手把碗稍微用力捏一下，右手掀盖子。喝完后照原样盖上盖子。

● **用餐语**

用餐前双手合十说一声“itadaki-masu（いただきます）”表示要开始享用了的意思。用完餐后要说“gochisosamadeshida（ご馳走様でした）”，即“我用完餐了，谢谢您丰盛的招待”。

（3）使用筷子禁忌

含筷：把筷子含在嘴里。

挥筷：边吃边讲，挥舞筷子。更不能用筷子指其他人。

晃筷：把筷子晃来晃去。

插筷：把筷子插在饭上。

长短筷：筷子一长一短放置。

咪筷：用嘴唇咪了筷后再夹菜。

敲筷：拿起筷子随意敲打餐桌或碗碟、酒杯。

迷筷：筷子举起后犹豫了一下什么也没夹。

叉筷：用筷子去叉食物。

寻筷：把最下面的菜翻到上面找寻自己喜欢的菜。

碰筷：二人同时夹一道菜。

观点

日本料理极致、细腻、新鲜，除了对食材的要求极尽完美和苛刻之外，同时也要求品尝者能了解口中之物的内涵，尊重它的精神，这样才能体会和谐的感受，得到完美的享受。

礼仪小百科：常见日本食物中日文对照

前菜—前菜

生鱼片－さしみ

寿司－すし）　乌冬面－うどん　拉面－ラーメン　荞麦面 － そば

呷哺呷哺－しゃぶしゃぶ：把鲜嫩的牛肉放在锅里烫两下即食，呷是指第一下，哺是指第二下。

串烧－焼き鳥：用竹签串起的烧烤食物，以鸡肉及鸡的部位为主。

神户牛排–神戸ビーフステーキ

鰻魚－うなぎ

烤鱼–焼き魚

毛豆，豆腐–枝豆，豆腐

生明虾–ボタン虾

纳豆－納豆
蒸蛋－茶碗蒸し
话梅－梅干
味噌汤－味噌汁
（みそしる）
粥 —おかゆ

咖喱－カレー　对虾－車海老　干贝－帆立　烤肉－焼肉　猪排饭－とんかつ

天妇罗－天ぷら：将海鲜和蔬菜裹上面粉所炸出的食物。

栗羊羔－ようがん

酱菜－漬物

点心－お菓子

草莓，蛋糕，布丁－イチゴ，ケーキ，プリン

西瓜&美浓瓜－スイカ＆メロン

4. 自助冷餐会礼仪——多次少取

Q46 你去参加同行业的冷餐会，看到好多你喜欢吃的甜品，这时你应该？

- 先来块提拉米苏，再来块芝士蛋糕，还有冰激凌。
- 先转一圈，按照顺序先取沙拉、汤、面包，然后吃主菜，最后吃甜品。
- 把冷菜、热菜、甜品堆在一个盘子里吃。

故事：中日电影周自助餐上的洋相

每次参加冷餐会，总会看到一些令人惋惜的现象，双方之间完全可以有进一步沟通合作机会，却因为一方只顾取菜或埋头苦吃而导致另一方不知所措。有一次看到的场景令我印象深刻。那是在2007年的上海电影节中日电影周开幕式上，那天的晚宴是自助餐，大家站在转盘四周看台上的表演，可能是阵阵香味诱人，部分参加者开始迫不及待地挤到自助餐转盘前取菜，其他人看到有人带头也按捺不住，纷纷挤进去争抢，有些站在转盘前高声问：“虾要拿吗？日本鱼片要吗？”原来是帮朋友代拿的。只见剩下没取菜的是清一色的日本人，在那里呆若木鸡，有好心的中国人边吃边嘀咕：“为啥日本人不去拿。”

（图为我在2007年上海电影节日本电影周欢迎酒会上签名）

食物从饭前拼盘开始按顺序摆放在宴会主桌上，因此要按顺时针依次拿所需的食物。一次取的食物不要太多，拿好自己需要的食物就要马上离开主桌。

吃的时候可以坐在椅子上，但吃完后要马上站起来。基本上是左手拿碟和叉或筷子，右手握杯。叉或筷子放在碟子上时，除使用之外要用拇指按着。喝饮料的杯子会有水滴落下来，杯底用餐巾包起来。用完的碟子不要放在转盘上。

来宾应酬寒暄时，将餐具和酒杯放下。中途退席时，和同行的人说明一下，出去的时候尽量不要引起别人的注意。

NG仪态

①因为喜欢，就猛拿同样的菜。

②冷菜和热菜混在一起。

③取菜时逆方向。

④在转盘前说话。

⑤替别人取菜。站在转盘前，提高嗓门问对方“够不够，还要什么菜？”等。

TIPS

自助餐是德国人发明的，所以餐序和西餐一样：先吃前菜，再喝汤，然后吃主食，接着吃甜品、水果，最后喝咖啡或红茶。此顺序不能颠倒，颠倒后不仅佳肴变得无味，肠胃也会不舒服。

观点

自助餐的技巧在于多次少取，冷热分开，前后有序。

礼仪小百科：沙龙的由来

沙龙是法文“Salon”的音译，法文原意为“会客厅”、“客厅”。17世纪末期至18世纪，巴黎的文人和艺术家经常接受上流社会贵妇人的邀请，在客厅相聚一堂，讨论艺术。后来，就把上流阶层的文人雅士交流的场所称为“沙龙”。时至今日，沙龙已经成为商业伙伴、同事、同学、兴趣爱好者、同行等进行社交聚会的一种形式。

5. 品酒礼仪——调动你的五感

Q47 **你代表公司宴请英国客户，你致欢迎辞后，大家举杯干杯，之后你的做法是？**

- 面带微笑说“谢谢”之后，走到自己的座位上开始就餐。
- 请大家多喝点，红酒很名贵。
- 为了显示热情，挨个走到英国客户前，说“你随意，我干了”，一次把杯中的红酒喝完。

故事：令彼得大惑不解的一口闷

在我担任商务咨询顾问的年代，因为工作的关系，经常会带日本商人到国内考察、投资、办厂等。有次偶然的机会，在晚宴上有一位来自英国的海归彼得，他是华裔，生在英国长在英国，虽然外表看上去就是普通的中国人，但只会说一点点中文，价值观也基本英式化。当服务生帮大家倒好红酒后，领导就很热情地要大家干杯，可能彼得的身份比较特别，那天领导的焦点几乎全集中在他身上。我看了一下表，几乎每间隔五分钟领导就会邀请彼得干杯，而且是一口闷。从彼得诧异的眼神我感觉到他似乎在说："红酒不是一小口饮用的吗，怎么可能一次一杯呢？"然而好客的领导似乎完全没有察觉到彼得的异样表情，热情地说："小伙子，我英文不好，就不称呼你洋名了，我跟你说，中国人有句古话说得好'有朋自远方来，不亦乐乎'，你看我今天很开心吧，就是因为你这个朋友从远方来，来，我们干了。"带头又干了一杯红酒。结果，彼得大惑不解地回英国去了。

(1) 酒杯的选择——高脚、透明

一只好的酒杯应该薄身、无花纹、无色而透明，并要有高脚。红酒杯的杯肚要足够大，一是为了令红酒打开后能与空气亲密接触，二是当酒被摇动时，香味能集中在杯口。品年份不同的红酒应该换酒杯。

(2) 优雅的点酒礼仪——亮出酒的"身份证"

向侍者取酒单（高级西餐厅的酒单一般不会放在餐桌上）。向侍者念出想点的葡萄酒名称，酒庄名字或品牌，该葡萄酒的款型、年份。

TIPS

红葡萄酒适合搭配奶酪、火腿、牛羊排、野味、蛋类等，白葡萄酒适合搭配沙拉、鹅肝、海鲜、蜗牛、巧克力等，香槟酒适合搭配火鸡、甜点、茶点等。

(3) 开瓶时的礼仪——专注地看

察看葡萄酒是否为本人所点的酒。观察葡萄酒的贮藏状态。亲眼看着酒开瓶。开瓶取出软木塞，看看软木塞是否潮湿。开瓶后，红酒应先呼吸空气一会，以达到氧化作用。

斟酒最多以杯容量的2/3为度，一般白葡萄酒是2/3，红葡萄酒是1/3。

(4) 品酒分解步骤——望、闻、品、忆四部曲

Step1 倒酒：侍者负责将少量酒倒入酒杯中。

Step2 检验：拿起盛着葡萄酒的酒杯，向外倾斜，观其色泽（已成熟的酒，外围

酒边带褐黄色，里面的酒色泽较深；未成熟的酒内外多呈紫红色）。

Step3 举杯：向内（逆时针）轻摇酒杯让香气释放出来。

Step4 挂杯：轻轻地摇杯，让酒液在杯壁上均匀地转圈流动之后，酒液达到的最高地方有一圈水迹略为鼓起，慢慢地就在酒杯的壁面形成向下滑落的“泪滴”，像一滴滴晶莹的泪珠连成的小河，法文称为“Leg”，即“脚”，这就是挂杯。挂杯好的酒虽然不一定就是好酒，但是好酒挂杯一般都漂亮。

Step5 闻：把酒向内倾斜，正所谓“酒香佳客来，未饮心先醉，闭目尽心嗅，缕缕香入怀”。

Step6 品酒：啜饮一小口，让酒在舌尖流动，喉中回旋，舌尖留芳，感觉香浓、柔滑、平衡、优雅、有层次，最后回味是否平衡优雅而持久。评价其味道及酸甜度。满意后请侍者倒酒给主宾。

Step7 忆：喝完酒并不代表美餐的终结。过程虽然重要，更重要的是过程后的回忆。美味的回忆，会给你带来对美好人生的感激。

NG 品酒行为

①一饮而尽。

②边喝边透过酒杯看人。

③拿着酒杯边说话边喝酒。

④边嚼东西边喝酒。

⑤口红印在酒杯沿上。

×

(5) 祝酒礼仪

● 祝酒的时机

中餐：就餐之前。

西餐：热菜之后，甜品之前。

● 祝酒词

紧紧围绕宴会的中心话题。

带一点幽默的色彩。

简练。

分享和主宾间有关友谊的回忆。

● 干杯礼仪

主人和主宾先碰杯，人多时可举杯示意，不一定碰杯。

在主人和主宾祝酒时，其他宾客应暂停进餐，停止交谈，注意倾听。

祝酒时，应目视对方。

每次喝一小口足矣。

不欲再喝时可与对方轻轻碰一下杯缘，即表示已经够了。但不要把酒杯倒置。

对于别人的敬酒，只需笑一笑，或向祝酒者点头示意就足够了。

TIPS

●饮用葡萄酒的顺序：先喝清淡的，再喝浓郁的；先喝甜的，再喝干的；先喝白葡萄酒，再喝红葡萄酒；先喝年轻的，再喝成熟的。

●倒酒方法：将葡萄酒从酒窖中取出，将餐巾卷起来包住酒瓶的下部然后倒酒。

●接受方法：不用将酒杯举起来，就放在桌上让对方倒酒。倒完酒后，端着杯脚喝。

●“喝酒不认输”或者“不醉不够朋友”，结果喝得酩酊大醉，甚至有失体统。这是宴会中饮酒最忌讳的一个方面。

●作为主宾参加宴会，应了解对方祝酒的习惯，即为何人祝酒，何时祝酒等，以便做必要的准备。

观点

美酒佳肴，良辰美景，在浪漫的氛围中享用晚餐需要自始至终优雅地进餐。

礼仪小百科：葡萄酒入门

1. 法国葡萄酒的分级系统

法国葡萄酒拥有严格的品质监管制度，建立了原产地分级标准。其级别从低到高排列有：

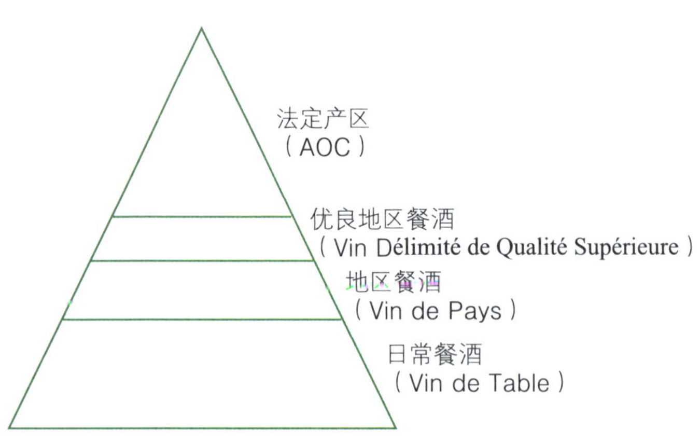

（图为我的私人珍藏）

（1）日常餐酒（Vin de Table）：最低档的葡萄酒，作日常饮用。酒瓶标签标示为 Vin de Table，例如Vin de Table Français。

（2）地区餐酒（Vin de Pays）：日常餐酒中最好的酒被升级为地区餐酒。地区餐酒的标签上可以标明产区，即Vin de Pays + 产区名，例如Vin de Pays d'Oc。

（3）优良地区餐酒（Vin Délimité de Qualité Supérieure）：普通地区餐酒向AOC级别过渡所必须经历的级别。酒瓶标签标示为 Appellation+产区名+Vin Délimité de Qualité Superieure。

（4）法定产区酒（Appellation d'Origine Contrôlée，简称AOC)：法国葡萄酒最高级别。原产地地区的葡萄品种、种植数量、酿造过程、酒精含量等都要得到专家认证。只能用原产地种植的葡萄酿制，绝对不可和别地葡萄汁勾兑。酒瓶标签标示为 Appellation+产区名+Contrôlée。

TIPS

酒标签（Winelabel）相当于酒的身份证，懂酒的人，往往看过酒标，就大致知道这瓶酒的身份和味道了。一般包括以下内容：

- 酒庄的名称。
- 葡萄收成的年份。
- 葡萄酒的品种、采用的原料。
- 酒的容量。
- 酒精浓度。
- 产地：标定的区域越小，葡萄酒的质量越好，反之就越廉价。若只注明“法国”，那就是级别最低的佐餐酒。
- 生长的年份。
- 在哪里封装入瓶。
- 生产编号：按照国外相关法律规定，评上一定级别的葡萄酒为了保证品质，原料要精挑细选，出产数量不能太多，为了掌控数量，出产的酒必须在标签上列明生产编号，这不仅是限量生产的顺序号，也是收藏的重要依据。
- 酿造和储存方式。

（图为我的私人珍藏）

2. 法国葡萄酒三大产区

（1）波尔多（Bordeaux）：拥有差不多两万名葡萄种植者，9000多个酒堡，年产量超过5亿瓶。波尔多酒享誉全世界，浓郁型红酒独树一帜，颜色多呈美丽的红宝石色泽，酒味醇香，余味绵长，成为波尔多的旗帜。

（2）勃艮第(Bur gundy)：全法国酒区内，保留手工业最多的一个地方。勃艮第人对葡萄倾注了极大的人文关怀，被认为是最唯美的地区，以清淡型红酒和清爽型白酒著称。

（3）香槟区 (Champagne)：以优雅浪漫的气泡酒著称。

3. 波尔多四大名区诞生的八大名庄(酒庄照片由上海玖悦文化传播有限公司提供，特此鸣谢)

（1）梅多克区(Medoc)：61个列级名庄，分为5个级别，其中诞生了四大一级酒庄。

1）拉菲庄（Chateau Lafite-Rothschild）：坐落在波尔多梅多克区的波亚克村(Pauillac)，并在1855年梅多克区评级当中被评为一级酒庄。1982年是波尔多地区的超好年份，拉菲作为“八大酒庄”之一，当仁不让地酿造出了绝世佳酿。著名美国酒评家罗伯特·帕克（Robert Parker）给1982年拉菲打出了100分满分的评价，也就是完美的酒。

TIPS

●罗伯特·帕克在葡萄酒界的影响力非常大，甚至可以影响到葡萄酒的价格。

●Chateau的意思是“古堡”，因为法国酒庄大多有一座美丽的大屋或古堡。

特征：以红葡萄酒为主，通常要在不锈钢发酵罐中放3个星期，再在新橡木桶中放18～24个月。平均葡萄树龄为40年。葡萄品种以赤霞珠为主，占71％左右。

2）拉图庄（Chateau Latour）：位于波尔多西北50公里的梅多克分产区的波亚克村。1855年的分级更强化了拉图庄在酒界的地位。

特征：酒体强劲有力、层次丰富，其产酒不因年份的改变而呈现口感不一致，享有极高的声誉，而且具有极大的窖藏潜质，最好的年份可以存放一个世纪，甚至更久。

3）玛歌庄（Chateau Margaux）：位于波尔多梅多克地区的玛歌村（Margaux）内，与村庄同名，是1855年波尔多葡萄酒评级时的顶级葡萄酒庄之一。

特征：不仅保持手工操作，而且仍然使用橡木发酵罐。玛歌庄的红酒，通常要在发酵罐中放3个星期，再在新橡木桶中放18～24个月。口感柔顺、高贵、优雅，碰上好年份更带有紫罗兰的花香，所以常常被喻为“波尔多之后”。

4）木桐庄(Chateau Mouton-Rothschild)：也称武当王庄，位于波尔多梅多克产区波亚克村。

特征：木桐庄的红葡萄酒以赤霞珠葡萄(Cabernet Sauvignon)为主，根据年份不同，加入不同比例的品丽珠(Cabernet Franc)、美乐(Merlot)和味而多(Petit Verdot)。木桐的酒具有典型的赤霞珠特征，成熟的黑加仑子果味，咖啡、烤木香气，需在瓶中陈酿7～15年方可以

饮，是世界顶级收藏酒之一。

（2）圣艾美隆区（Saint-Emilion）：68个列级名庄，分为3个级别，诞生了两大一级酒庄。

1）白马庄（Chateau Cheval Blanc）：坐落于波尔多圣艾美隆法定产区。据传酒庄从前有一家小客栈，国王亨利四世常骑着白马在此地休息，因此便取名白马酒庄。

特征：年轻与年长期都很迷人，年轻时会有一股甜甜的吸引人接受的韵味，酒力很弱。但经过十年后，又可以散发出很强、多层次，既柔又密的个性，且耐藏。

2）奥松庄（Chateau Ausone）：也称欧颂庄，是产量最少的顶级名庄，其招牌酒Ausone的年产量都在2000箱以下，异常珍贵。

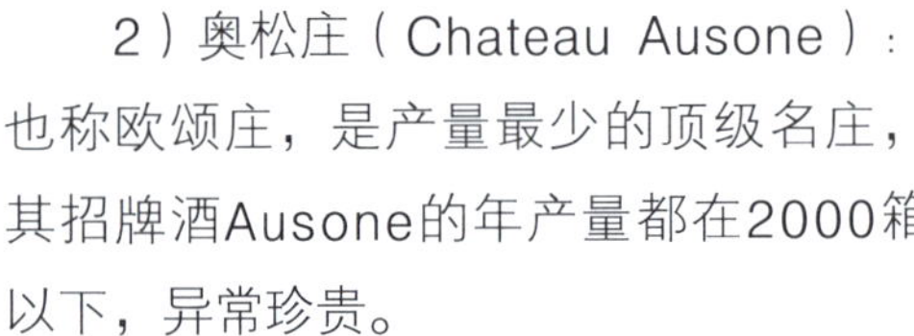

特征：耐藏，要陈放很长一段时间才能饮用，酒质浑厚，带有咖啡与木桶香味，非常大气。

（3）葛拉芙区：16个列级名庄。奥比昂庄位于该区。

奥比昂庄（Chateau Haut-Brion）：也称红颜容庄，是唯一的于1855年列级评比中在波尔多左岸不属于梅多克区却被列入顶级名庄的酒庄。

特征：传统与现代科学结合得天衣无缝的酿酒工艺，新酒香气馥郁，口感柔和纯正；陈年酒香气怡人，细致优雅。

（4）宝物隆区：最出名的是出产全波尔多最贵的酒中之王柏图斯庄。

柏图斯庄（Petrus）位于波尔多宝物隆（Pomerol)地区，是该地区葡萄酒的领军人物。该酒庄是顶级名庄中品质最高的酒庄，也是唯一不出产副牌酒的顶级名庄。法国高级社交圈、英国上流社会到处可以看到它的身影。

特征：酒色深浓，气味芳香充实，酒体平衡，成熟丰满。在酿造的过程中，全部采用全新的橡木桶，在一至两年的木桶陈酿中，他们每三个月就换一次木桶，让酒充分吸收不同橡木的香气。这种不惜成本的做法至今为止还是无人能比。

4. 葡萄酒的几个常用语

（1）葡萄酒的分类：按含糖量分为干型酒、半干型酒、甜型酒、半甜型酒。含糖度在0.4度以下的为干酒，0.41～1.2度的为半干酒，1.21～5度的为半甜酒，5度以上的为甜酒。

（2）单宁（Tannins）：单宁是一种酚化合物，存在于葡萄皮、梗、籽之中。喝葡萄酒时所感觉到的涩味，就是单宁的味道。白葡萄酒是去皮榨汁，几乎不含单宁，以酸度为主。

（3）橡木桶：酿酒之所以采用橡木桶而不是其他木材制的酒桶，是因为当葡萄酒在桶中培养时，氧气能缓缓渗入，使桶内的酒进行温和、适度的氧化，既可达到柔化酒中单宁的效果，也可使酒性在酝酿成熟的过程中更趋于稳定。

（4）赤霞珠：别名解百纳、解百纳索维浓、解百纳苏味浓，是法国波尔多地区传统的酿制红葡萄酒的良种。

（5）收成年：该年的天候会影响葡萄收成的品质。1982年诞生了许多世界名酒就是拜天候所赐。

（6）装瓶（Mis En Bouteille）：Bouteille的后面接酒庄、酒商或公司名、生产者原装、酒窖等字。在酒庄装瓶的葡萄酒品质最佳，称为“酒庄原装酒”。

（7）葡萄酒的中介商（Negociant）：亦即“酒商”。酒商会和葡萄酒栽种者订合约购买葡萄酒，然后原酒直接出售或是另行调配装瓶后出售。

6. 喝咖啡礼仪——咖啡，只为懂它的人涌动暗香

（1）咖啡杯的使用

美式咖啡一般用普通杯子。

意大利浓缩咖啡一般都是用袖珍型的杯子盛出。

（这套咖啡杯是我的私人珍藏，购于英国）

应当将杯子放在饮用者的正面或者右侧，杯耳应指向右方。

饮咖啡时，可以用右手拿着咖啡杯的杯耳，左手轻轻托着咖啡碟，慢慢地移向嘴边轻啜，切记不要发出声响来。正确拿法是用拇指和食指捏住杯把而将杯子端起，不能用手指穿过杯耳再端起杯子。

坐在远离桌子的沙发中，不便使用双手端着咖啡饮用，此时可以做一些变通。可用左手将咖啡碟置于齐胸的位置，用右手端着咖啡杯饮用。饮毕，应立即将咖啡杯置于咖啡碟中。

对方为你添加咖啡时，无需把咖啡杯从咖啡碟中拿起来。

喝咖啡吃蛋糕时，不要一手端着咖啡杯，一手拿着糕点，吃一口、喝一口地交替进行。喝咖啡时应当放下点心，吃糕点时则应当放下咖啡杯。

（2）喝咖啡时的礼仪细节

给咖啡加糖时，如果是砂糖，可用汤匙舀取，直接加入杯内；如是方糖，则应

先用糖夹子把方糖夹在咖啡碟的近身一侧，再用咖啡勺把方糖放入杯子里。不能直接用糖夹子或手把方糖放入杯内，可能会使咖啡溅出，从而弄脏衣服或台布。

在用咖啡勺把咖啡搅匀以后，应把咖啡勺放在碟子外边，不能让咖啡勺留在杯子里就端起杯子来喝，这样不仅不雅观，而且很容易使咖啡杯泼翻。

不可使用咖啡勺来喝咖啡，因为咖啡勺只是用来加糖和搅拌的。也不要用咖啡勺用力去捣碎杯中的方糖。

如果觉得刚刚煮好的咖啡太热了，可以用咖啡勺在咖啡杯中轻轻搅拌使之冷却，或者等待其自然冷却，然后再饮用。不可用嘴试图去把咖啡吹凉，这是很不雅观的动作。

TIPS

- 咖啡粉中的极品——蓝山：酸味、甜味、苦味基本调和得比较匀。世界上80%的蓝山都出口日本。
- 在家中请人喝咖啡，通常安排在下午四时以前，一般不用速溶咖啡。
- 女主人给你倒咖啡，不用站起来，坐着看她倒就可以了。

喝咖啡是一种文化，只有讲究礼节，才能体味它的温馨。

礼仪小百科：咖啡由来的传说及种类

约在公元600年左右，有一个牧羊人，发现他的羊群每到夜晚就会异常兴奋地嘶叫，他在惊怕之下，向寺院的神父求助，神父在细心地观察羊群几天后，发现羊群是吃了一种不知名的果实才会兴奋，于是神父自己尝了一点，发现这种果实也可以令人兴奋，神父便将此果实称为“去除睡意、清净心灵的神圣物品”，传说这就是现在人们饮用的咖啡的鼻祖。咖啡的种类如下：

- 浓缩咖啡(Espresso)：利用蒸汽压力原理，使蒸汽直接通过咖啡粉萃取。特点是味苦但浓香，表面有一层咖啡油，是高度浓缩的咖啡，宜用小杯品尝。
- 玛奇雅朵（Macchiato）：意大利式浓缩咖啡加少量泡沫牛奶。
- 卡布其诺(Cappuccino)：先在杯中倒入大约1/3杯的浓缩咖啡，再加入1/3杯的热牛奶，最后加入1/3杯的发泡奶沫。奶沫轻浮在杯口，非常赏心悦目。
- 拿铁（Caffe Latte）：1/4的浓缩咖啡，2/4的牛奶，1/4的奶泡，在女性中具有极高人气。
- 摩卡(Mocha)：1/3浓缩咖啡，1/3热巧克力，1/3牛奶泡沫或奶油，最后再撒上巧克力粉。
- 爱尔兰咖啡（Irish Coffe）：在特制的杯中加入爱尔兰威士忌和方糖，用火柴点燃后倒入咖啡和鲜奶油搅拌。
- 美式淡咖啡（American Coffe）：热咖啡加水。

第五篇
做一个国际沟通达人

1. 跨文化沟通要清楚地“言传”，对方才能“意会”

Q48 你的欧洲老板给你下达了不符合中国国情的指令，这时你的做法是？

- 和老板沟通，告诉他难以执行的问题点。
- 先含含糊糊敷衍过去。
- 忍气吞声，反正上一任老板也是如此。

故事：遇事不明说的小李

小李在一家欧洲公司工作了3年，只见过老板两次，和这位欧洲老板沟通基本上通过视频会议或邮件。每当小李看到老板下达指令时就暗自指责：“不同的国家都有各自的国情，怎么能一概而论呢？”一开始，小李只是心里抱怨，嘴上搪塞搪塞，但欧洲老板看到他没有提出异议，认为他已经了解指示了，就开始第二轮任务，而小李一看到洋老板下达的那些不符合中国国情的任务，心里虽然火冒三丈，但口头上还是采用打太极的方法，时间一长，欧洲总部觉得不对劲，因为小李有承诺却没有成果。

西方人习惯直接明了地表达出自己的想法，重视数据，遵守承诺。和西方人共事说话要明确、具体，不能含糊和绕圈子，不能让对方去琢磨言外之音；不轻易承诺，但承诺过的事一定要做到。对西方人来说，时间就是金钱，任何拖延的行为都是难以忍受的。

小李重“意会”，强调协调，尽力避免表面上的不满和争执，对老板的做法心里有不满却不好意思直接说明；而小李的老板重“言传”，重数据、时间的高度组织化，任何拖延进程的行为都是让人难以容忍的。

观点

当两种迥然不同的文化模式在同一空间碰撞的时候，只有互相尊重对方的文化，理解对方的思维模式时沟通方能顺畅。

2. 有声世界的沟通

你一张口，我就能了解你。一个人怎么说话，说什么话，显示他的品位。

——美国知名教授保罗·福赛尔

Q49 你能具体描述一下聆听的概念吗？

- 聆听就是用心听。
- 聆听就是放下手中正在进行的所有事情，停止正在思考的事情，配合表情来听对方说话。
- 聆听就是全神贯注地听。

故事：回答房东话时头转身不转的小留学生

加拿大的一位朋友罗林给我讲过这么一个故事：“我很喜欢中国青少年，每年暑假我家里都会有中国的小留学生来寄宿，我知道在国内他们都是父母的宝贝，到了加拿大，我也拿他们当自己的孩子一样。可能是爱的方式不同，我发现很多青少年家境不错，家教却欠缺；教育很好，教养却不怎么好。有一次，我差点把一个小留学生赶出去，虽然我并不想。”“怎么啦，罗林，我从没看见你生过气，你那么优雅，涵养这么好。”只见罗林露出了稍稍惋惜和无奈的表情，接着说：“那位小留学生，可能是父母太宠他了，每次和他说话时他的眼神从不看我，一开始我以为他害羞，有一天，他正在听MP3，我问他明天早上几点吃早餐（因为他每天睡得较迟），他头也不抬，耳塞也没摘下，说了一句：‘你决定吧。’唉，我感到很不舒服，感觉他从不尊重我。其实英语讲得再好，没有教养又有什么用呢？”

口者，心之门户也。志、意、喜、欲、思、虑、智皆由门户而出。

——中国先秦纵横学派创始人鬼谷子

（1）沟通的定义——听者与说者

沟通就是说话的人把要说的讲给对方听，他要做的是怎么说；听话的人要把对方的话听明白，他又需要怎么听。

（2）沟通的原则——和而不同

知道如何开始和结束一段对话。

对事不对人。

永远都三思而后言。

知道不反驳对方的观点和如何保留自己的观点。

不会把一件简单的事描绘得很复杂。

不在餐桌上参与辩论。

懂得直接回答并不等于没有礼貌地回答。

懂得如何道歉，也会接受一个道歉。

不会试图当众纠正别人的错误。

懂得聆听。

（3）沟通前的准备（4W2H）——沟通要做到知己知彼，才能百战百胜

WHO：你和谁沟通。

WHY：为什么要和他沟通。

WHEN：什么时候开始说话。

WHAT：要说些什么内容。

HOW：怎样做能引起他的好感。

HOW：万一被他否定或指责了该怎么做。

（4）沟通中“说”的技巧——让人容易领会

用语也有T.P.O：对于小孩子来说用语没有好坏之分，只是凭着喜欢或厌恶的

（图为我的小侄女）

感觉来说话。但是，一旦踏入社会进入成人的世界以后，还是像幼儿一样凭喜恶说话，会被人认为不分时间、地点、场合，让对方不愉快。

在商务场合不使用像和朋友聊天那样很随便的语气，避免口语化。

过于口语化		合适的说法
不好意思	→	十分抱歉
那个	→	称呼对方名字或职位
怎么样	→	您觉得怎么样
要哪一个	→	您需要哪一个
以后再来	→	期待您再次光临
有	→	有的，在这边
什么？	→	麻烦您再说一次
等一下	→	请稍等
不知道	→	对不起，我不太清楚
再等等吧	→	请您再等一下好吗
久等了	→	对不起，让您久等了

应选对时机说对话，说些对对方观点肯定性的话。而且说话要有准确性，尽量不要讲“大概……”“可能是……吧”之类模棱两可的话。还要明确说话的目的、结论，不使用对方难以理解的专业术语。

另外，用粗暴的语气、动作，自然给人感觉是个粗暴的人。相反，用温和的语气说话，会显得谦虚、亲切，整个人的感觉也会和谐。

- **谈话中使用对方的名字**

得到介绍之后，谈话中可以有意识地提对方的名字或职称，这样可以大大缩短与对方的距离感。例如：

王总，请问你的意见是？/请教李先生的高见。/我可以称呼你詹姆士吗？

礼仪小百科：百听不厌的是自己的名字

人们在日常交往中，如果一个并不熟悉的人能叫出自己的姓名，就会有被尊重的感觉，从而对那个人产生一种亲切感。相反的，如果见了几次面，对方还是叫不

出自己的名字，便会产生一种疏离感，增加双方的心理隔阂。戴尔·卡内基曾说：“在所有语言中，人名都是最好听，也是最重要的声音。”

美国前总统罗斯福在一次宴会上，看见席间坐着许多不认识的人，他找到一个熟悉的记者，从记者那里一一打听清楚出席者的姓名和基本信息，然后主动和他们接近，并准确地叫出他们的名字。当那些人知道这位平易近人的先生竟是著名政治家罗斯福时都大为感动。从此以后，这些人都成了罗斯福竞选总统时的忠实支持者。

- **沟通中记住对方名字的小诀窍**

和对方交流时尽量多重复他的名字。

将名字与对方的特征相互对应，在心里重复。

把名字写在手机上或笔记本上。

把对方的名字和你熟悉的电影中的人物联系起来。

把对方的爱好及特征等和你熟知的朋友、同学等联系起来。

- **用对方易于理解的话来说**

谈话中过多使用专业词汇以及外语，不光让人听着难以理解，还会引起不快。专业词汇可以换作更让人容易理解的语句来讲。

- **考虑对方身份，讲话要得体**

对于未婚的中年女性：

以前是人生七十古来稀，所以提倡三十而立，而现代人的平均寿命是80岁，所以40还相当于以前的30岁。(YES)

还没结婚呀，过了保鲜期就没人要了。(NO)

对于丁克族：

好羡慕你们能过二人世界，又能经常去旅游，真是神仙眷侣。(YES)

不要孩子老了怎么办，要是你们谁先离开，那不是没人照顾吗？！(NO)

- **看着对方的表情说话**

我的话对方是否理解了，只要看对方的表情就知道了。如果是没有太明白的样子，就重复一下，更具体地说明，要根据对方的反应来调整讲话的方式和内容。

- **积极的话题永远比让人灰心丧气的话题招人喜爱**

积极的话题总是会让气氛变得愉快。“跟那人讲话，总觉得闷闷的”，相信你一定不想成为这样的人。平时说话要有意识地选积极的话题。

让负面的话题转变成积极正面的技巧

俗话说："良言一句三冬暖，恶语伤人六月寒。"礼貌用语就在良言之列。平日就要养成正面思考的习惯，多用让对方有好心情的表达方式。

准备周末去海南玩——

啊，真好。去海南住几晚呀？（YES）

啊？去海南？不是有台风吗，听说最近飞机失事了呢。（NO）

这个包很贵，狠狠心买的，喜欢没办法——

我也觉得不错，跟你很配。（YES）

哦，可惜买贵了，如果再等等的话，这店就会打折了呢。（NO）

我的英语单词怎么前背后忘——

一边工作还一边学习外语，真了不起。（YES）

你以为自己还年轻啊，都奔三了，怎么可能像学生一样记性好呢。（NO）

昨天工作中出错，被部长批评了——

部长啊只对他觉得有必要培养的人才那样，你有希望啦！（YES）

是啊，那以后部长好像心情一直不好呢。（NO）

我减肥都一个月了，体重还没下降——

我觉得你瘦一些了，贵在坚持，加油！(YES)

哪有这么容易，我觉得你是喝水都会长肉那类的，就别折腾了。(NO)

早上起来，外面下着雨，这时——

啊，下雨天啊！真不想去公司。(NO)

我最烦下雨天了，地铁里闷闷的，让人很不舒服。(NO)

啊，下雨了。这些天这么热，终于可以凉一些了。(YES)

对了，可以穿上那件平时没机会穿的雨衣出去了。(YES)

公司组织春游，回家的路上司机开错了，这时——

怎么回事啊，人家还答应女儿回家吃晚饭呢。(NO)

开到哪儿啦，怎么搞的，唉，又遇上堵车，真不知道什么时候能到家。(NO)

静静地看着窗外，因为开错了才看到另一处风景。(YES)

哈哈，导航都会出错，何况是司机师傅。(YES)

敏锐地观察讲话时的氛围

会说话与爱说话是两码事。对方是很感兴趣还是心不在焉，稍加观察相信就能知道。

如果不注意这方面的观察，不管你的话题有多丰富多彩，也只是一位爱讲话的“话痨”。

遇到以下几种情况时要注意：

对方回答不痛不痒时：“嗯”“哦”“哈”听着连续这么附和的话，说明你该收住话尾了。

对方心神不宁时：抖腿，收拾桌上的东西，咔嗒咔嗒地摆动笔，这些动作都表明对方已无心听你继续讲下去啦。

对方不向自己这边看：如果对方不时看着手表，也不向自己这边看，说明对方不感兴趣。

对方改变话题：讲到一半，对方突然改变话题。这时对方不是想结束这个话题，就是讲到了对方不想触及的部分了。

- **不要说破坏气氛的话语**

应避免说一些多余的话，例如：“上次你送的特产真好吃，谢谢。不过我现在正在减肥呢。”对别人的礼物道谢时，如果这么说，简直就是在责怪对方。

- **避免前言不搭后语**

即便闲聊也要对自己说的话负责，虽说没有恶意，但是太语无伦次的话，就会让人贴上“这人不靠谱”的标签。

（5）说话时的声音管理——用我的声音握你的手

声音是人类交流中最美的、最有力的乐器。在电话交流中，声音占交流效果的90%。声音既可以传递信任、成熟、说服力等信号，也可以传递猜疑、幼稚、无力等信号。

说话时应注意发音跟发声，掌握产生魅力的发声技巧。

（图为我给工商银行的员工做演讲）

- **声音的内涵**

音高：声音的高低。

音势：音量的强弱。

音长：声音的长短。

音质：声音的品质，也就是“音色”。

- **发音发声的三原则**

口要打开，声音明朗：与其声音低弱地说话，不如堂堂正正地言语。只要注意把嘴张开，清晰地发出“a”，就会有不一样的效果。例如，说“早上好”的时候，

zǎo shàng hǎo，有意识地把其中包含的“a”饱满地发出来，感觉一下，一定有所不同。

“a”要发得清晰，面带笑容，显得有亲和力：“a”发得清晰，说话就不会含糊不清，面带笑容说话时，你的声音就会显得柔和，具有亲和力。

注意语调，让声音更优美：说话时注意自己的语调，避免刺耳的发音和不必要的口头禅。

- **了解自己的声音特点**

录下自己的声音播放给自己听，大多数人会觉得这不像自己发出的声音，但这却是周边人们所听到的你本人的真实声音。所以，多倾听自己的录音，不断改善自己的语音和发声，是一个自我提高的好方法。

- **塑造有魅力的声音**

音量：怎样的音量才适当，全依场所的大小和形状而定。一般两个人在说话时，只要对方听到就好，第三者听到就是音量过高了。若你要引起对方的注意，须放大或降低音量。要想放慢讲话节奏，使你的声音能被听得更清楚，一开始可略放大声，但当引起对方注意之后，你就可以小心地放低音量，特别是要说上一段有意思的故事或给他们什么好的建议时。

音调：音调是让你的声音能在会场各个角落都能听清楚的程度，在开讲之前要先做些暖身活动，让你的脸部肌肉放松，清清喉咙。最好的方式是练习朗诵或练声四至六次，有助于拉伸嘴巴和下颚的肌肉。这样一来你的面部肌肉就不会紧绷，能保持微笑。

语速：变化讲话速度能让听者有兴趣认真地听。例如：简单或双方都知道的讯息可以讲得快些，比较复杂的讯息就要讲得慢些，好让对方有时间吸收并了解。

说到故事时，你就得采取忽快忽慢的速度。语速也跟年龄有一定关系，通常40岁以下的人语速可稍快，显得有激情和冲劲；40岁以上的人语速要偏慢，体现沉稳和内涵。

TIPS

声音要有高低起伏、抑扬顿挫，多听名人的演讲，多练习，可以帮助你的声音更有生命力。

● **优美语音VS缺陷语音的特征**

令人愉悦的VS令人生厌的　饱满浑厚的VS颤抖、微弱的　放松的VS紧张的
充满活力VS死气沉沉的　低音调的VS 尖锐的　声调悠扬的VS声音沉闷的
能掌控的VS失控的　自信的VS胆怯的　深沉的VS消沉的
抑扬顿挫的VS平铺直叙的　富有感染力的VS让人沉睡的　自然的VS做作的
有力的VS无力的　清楚的VS含糊的　积极的VS消极的
热情的VS冷漠的

课后练习——腹部发声法

Step1 保持上半身挺直，肩部放松。

Step2 将右手手掌轻轻按于腹部。

Step3 先吸气10秒，确认腹部是否鼓起。

Step4 再呼气8秒、10秒……慢慢增加。呼气时边发出“啊——啊——”的声音，确认腹部是否慢慢下凹。

(6) 沟通中“听”的技巧——聆听是艺术

善于讲话的人一定是善于倾听的人。不会只顾自己讲，而是仔细倾听对方在讲什么，并根据其内容作出适当的反馈，只有这样才是优质的互动。

● **聆听的要点**

首先从“听别人说话”开始。不要只是在旁边听，还要时不时地附和对方的话。

边听边记：权威型领导都比较喜欢听话好学的年轻人。

积极反馈：如果听者毫无反应、表情木讷，说者就会不安。根据说者的讲话内容做出及时的积极反馈，或表示同意，或显出惊讶，声情并茂的反馈很容易与对方达成共鸣。

×

听到最后：话讲到一半突然打断是不礼貌的，对方说话时不要用“但是”“可是”“然而”之类的话打断对方。看着对方，坚持听完对方的讲话后再发表意见吧。

重复：当不知道该如何反应的时候，重复对方的话也许是最简单有效的方式。

表情与眼光接触：对方是否真的在听，只要看表情就可以判断。所以作为听者，应该看着对方的眼睛，听着讲话内容，或微笑，或惊讶，或点头。

- **聆听时附和的技巧**

表达惊讶的时候：从对方的谈话中猜想对方期待什么样的反应——

啊？居然！/哦，了不起！/真是难以置信啊！

表示同意的时候：不是老用点头来表示同意。如果觉着“太对了”的时候，夸张些，连上身也一起摇动吧。

引导对方继续讲下去时，首先表示同意，然后看着对方的眼睛——

哦，这样啊！/这么说了之后呢？

表达疑问的时候：歪着头向对方暗示不解。——

为什么呢？/哦，刚才说的是关于什么方面的？/例如是什么样的情况呢？

TIPS

若对方说到一半忘记了，再盯着对方的眼睛看就会尴尬，要赶紧把目光移向别处。

(7) 沟通中“问”的艺术——关键是问一个好问题

问好问题，问对问题才能确认对方的真实想法，例如：

您觉得我们的产品存在哪些……？

您认为……

您是如何平衡家庭与工作的关系呢？

可否和我们大家分享一下您对婚姻的看法？

您认为是什么困扰着现在的大学生？

TIPS

在向对方提问时，要确保问题涉及他/她精通的领域，不然会令对方尴尬。

（8）沟通中有效回答的技巧——确认并帮助对方整理思路

我明白了，您需要我做的是“一……二……三……”

我知道，您刚才所提到的××产品的××缺陷……

请给我三天的时间，72小时后我回复您关于……

（9）沟通中赞美的作用——人际交往的润滑剂

- **了解赞美和恭维在实质上的区别**

赞扬的言语要以真正的事实为依据，是带一点讨好但经得起考验的具体的话语。如果太言不由衷，接受方反而会觉得“其实心里一点都没那么想吧”，造成这样的反效果。

- **赞美值得称赞的地方**

听起来似乎是废话，但是这点很重要。如果不是发自内心的赞美，就仅仅是客套或奉承了。不是勉为其难地去赞美，而是要努力去发现对方的优点。

- **再小的事情也要给予肯定**

努力找优点，找不到怎么办？如果是这样的话，不妨再想想。不必在意一定要去大加赞美什么丰功伟绩，而是细心观察对方有什么可取之处，再小的事情，总有可取的地方，找到它们，加以肯定，就可以了。而且一定要养成发现就说出来的习惯。“上次你买的外套真不错，买对了！”“你对地铁真熟悉啊，到哪儿换乘都知道，太好了”之类。

即便再小的事情，得到他人的肯定和赞美，心里总是会很高兴的哦。

- **用一句话，由衷地赞美吧**

赞美，不需要过多的理由和解释！

对一件小事，持续地大加赞美的话，对方听了会觉得不自然，高兴的心情也会微妙地变化。所以，大多时候只要简短的一句“好！好主意！”“很棒！”就足够了。

- **赞美时不要提及对方介意的事情或缺点**

这也是人之常情吧。例如对胖身材的人就不必夸“这件衣服穿着真显瘦啊”之类。如果是好朋友，可以另当别论，但若只是见过几次面的朋友，这么说就失礼了。即便是好意附和，也要注意不要触及对方的缺点。

TIPS

具体应赞美对方哪里，赞同对方什么好呢？

● 拥有物品：别人称赞自己拥有的物品当然会使人高兴。因为每个人对自己买的东西多少都会有种依恋感，比如：

衣服——上衣、裤子、裙子、领带等。

饰品——耳环、戒指、手提包等。

收藏品——汽车、爱好品等。

住所——居住地、规模、豪华度等。

● 对方自身：肯定对方自身的言行会使顾客有被认同了的心情，比如：

荣誉——文学、体育、绘画、音乐等赛事得奖。

容姿——气质、发型等。

性格——温柔、可爱等。

● 生活：特别是对方为家庭主妇的时候，如果谈及其子女，一定会很有共鸣，令她很开心。

家庭——丈夫、妻子、儿子、女儿。

学历——毕业学校。

出生地——家乡。

（10）沟通中道谢的力量——产生积极正面的能量

没有感恩的心是不可能成就良好的人际关系的，也不会有良好的沟通效果。道

（图为我在上海世博局授课）

谢的话有很多，例如：

谢谢你陪我！/谢谢你特意过来！/谢谢你帮我！/谢谢你为我腾出时间！/谢谢你的礼物，我很喜欢!/谢谢你的邀请！/谢谢你的夸奖！/谢谢你的来电!

共勉：

当你受到伤害时，你要感激他，因为那是磨炼你的心志。

你要感激欺骗过你的人，那是增加了你的见识。

你要感激遗弃过你的人，那是教导你应自立。

你要感激绊倒过你的人，那是在强化你的能力。

你要感激斥责过你的人，那是增长了你的智慧。

——松下公司创始人松下 幸之助

测试：在与人沟通中你有以下行为吗

□不善破冰，沉默不语。

□夸夸其谈。

□为偏见或成见所左右。

□过于喜爱“套近乎”。

□发牢骚博取同情（说同行、同事的坏话）。

□推卸责任。

□情绪化。

□一字一句纠正对方的发言内容。

□插嘴。

□表达没有重点，不知所云。

□思维过于跳跃，短时间多种话题。

□重复问对方说过的问题。

□听的过程中毫无反应。

□听的过程中东张西望、心不在焉。

□听的过程中突然离开座位也不打招呼。

□听的过程中过多小动作（转笔、敲桌子、看指甲、在纸上乱涂等）。

□听的过程中接听电话或发短信。

□不停地自吹自擂，大谈自己的罗曼史。

□不听对方，只顾自己说话。

□抢对方话头。

观点

花开七分为最美，话说半句为最妙。

3. 你的另一张嘴——现代商务社交沟通工具

(1) 固定电话礼仪——看得见的态度

Q50 在职场中下面哪种电话应对方式可行？

- 虽然不太明白对方说的内容，但是觉得不便询问，就敷衍。
- 先问候对方，再专业明快地应对。
- 对方在电话里的说话方式听起来像是朋友的口吻，所以也就迎合对方的说话方式来应对。

故事：又买了一张会员卡的朋友

朋友王总在一次吃饭的时候说："我买了一张××卡，下次请你们去。"当时，我稍稍有些不明白："王总，你不是有好几张类似的卡吗，怎么又去买了一张呢？"王总哈哈大笑起来："销售卡的工作人员我虽然没见过，但她声音柔美，语速不快不慢，语气平稳，给我的感觉是一直面带微笑，而且是发自内心的，让我很愉快。"原来如此。

- **电话的特点**

方便、及时，语言组织不必特别严谨。

仅凭声音判断：有可能会产生误会。

单方面的：不清楚对方的情况。

没有留下记录：会因听错了导致纠纷。

要求立即回答：含糊其辞的回答会导致失去信用。

花费时间短：长时间的电话会浪费时间。

一对一的对话：因为没有第三者，只是自己与对方之间的对话，所以有可能产生认识的分歧。

- **电话应对的礼仪**

自觉意识到是代表公司来进行电话应对的。

要用礼貌用语简洁地应答。注意发音要清晰，不要说得过快。注意敬语的使用，避免过于口语化。

认真听取对方的话，在适当的时候随声应和，进行确认。

对对方所咨询的问题，能回答的要明确回答，不明白的地方要去找能回答的人来代你回答，或者去查询过后再给对方答复。

√

×

在电话机旁边要准备好记事本、笔用来记录。记录后，再次确认（公司名、人名、时间、地点、电话号码、需要转告或解决的事由等）。

电话打过或是接过之后要及时地进行转达和联系。对于电话中约定的事情或是受委托的事情，要着实进行应对。

● **转接电话礼仪**

确认被指名的人名之后再转接电话。先说："您是找××吧。请稍等。"按下保留按键后，再说："××，××公司的××来电话找你。"当让对方等得太久的时候，中途要预先打招呼，或根据情况，请求重新打过去。

商务电话接听要点汇总

1	电话铃响了两声之后接	不超过三声接电话 左手拿话筒，腾出右手准备记录 如果让对方等得太久，要说："实在对不起，让您久等了"
2	自报公司名 （有时还要报部名或科名）	在对方询问之前就应该自报公司名。不要说"喂、喂" 上午11点之前应该说："早上好，这里是××公司"
3	确认对方	在对方已经自报姓名的时候："您就是××公司的××吧" 在对方没有自报姓名的时候："对不起，请问您是哪位" 在没听清对方声音的时候："不好意思，请再说一次"
4	寒暄语	"一直承蒙您的关照"

（续）

5	听取要旨	一边随声应和，一边记录下要点："是……吗""……是这回事啊" 一旦出现不太明白的时候："对不起，我让负责人来回答，请稍等""不好意思，我不太清楚，等我调查一下马上再给您回复"
6	再次确认要点 自报姓名	一边读所记内容，一边确认："请允许我确认一下，是……吧" 对时间、地点、人名、品名、数量等要特别注意 最后再次报上自己名字及所属部门
7	结束时的寒暄语	"非常感谢""好的，我明白了""请多关照"
8	挂断电话	等对方挂断后再轻轻地挂电话（一般都是让对方先挂）

拨打电话的先后次序

1	事先准备	记录好对方的电话号码、所属部门、姓名、要点、说话顺序 备齐所需文件、资料 确认没有拨错号码
2	（电话接通后） 确认对方信息	如果对方没有自报姓名，就要向其确认："请问是××公司吗"
3	自报姓名	"我是××公司的××"
4	寒暄语	"承蒙您一直关照"
5	委托转接电话	"打扰您了，麻烦请转一下××部门的××"
6	（所指定的人接过电话后）确认其是否方便	"您现在方便接电话吗"
7	告知要点	简短的寒暄后，看着记录以5W2H的方式有条理性地明确告知对方要点 5W即When(何时)、Where（何地）、Who（何人）、What（有何目的）、Why（为什么），2H即How（怎样）、How many（数量）或How much（金额）
8	再次确认内容	"请允许我再次确认一下……" （重复要点）
9	结束语	"非常感谢" "（今后）还请多多关照"
10	（通话结束后） 挂断电话	在确认对方已经挂断后，再轻轻地放下话筒

(2) 手机使用礼仪——选个安静的场所

Q51 在办公室工作的时候，有一件事需要向客户公司的相关负责人确认，怎么做才最好呢？

- 用自己的手机打对方的手机。
- 用公司电话直接打对方的手机。
- 用公司电话打对方公司的电话。

故事：对着手机鞠躬的日本人

我刚刚到日本的时候，对日本人对着手机边说话边鞠躬，或者边说边点头等各种肢体语言感到很好笑，觉得没有必要这么累，对方又看不到。有一次，和日本朋友佐藤吃饭的时候，他突然站起来，先捂着手机听筒，轻轻地说了一句，然后和我打过招呼就出去接电话。我很好奇，就问为何。

（图片摄于富士山脚下的A.C.C国际学园）

佐藤说："首先站着肯定比坐着精神，其次站着可以配合客户说的内容做肢体语言，保持一致性，最后是外面的信号应该比里面强一些。"原来如此，后来我看见满街的日本人站着对手机鞠躬就再也不感到奇怪了。

- **在给对方手机打电话时**

选一个安静的场所，在正确的时间段打。

响五下左右对方还没接的话，应赶紧切掉，并发短信告知对方你是谁、打电话的理由，询问对方何时方便接听，不要无休无止地拨打。

在打手机的时候，因为对方一般不会自报姓名，所以应该首先确认一下对方身份。

如果有重要复杂的事情，应该考虑到手机信号的不稳定性，尽量使用固定电话。

打电话时要明确通话的目的，并言明要点。

- **自己的手机接到电话时**

如果是工作电话，接听时必须自报姓名，并把握要领，言简意赅地讲话。

如果是在业务洽谈中或会议中，最好关掉手机电源，或者预先设定为静音模式。

TIPS

若你的手机号码是公私兼用的，彩铃的选用要恰当。如果用“我不接，我不接，就不接……你电话”之类的彩铃，就很容易引起客户的误会。

礼仪小百科：英语基本电话用语

1.接电话

通报公司名称：×× company. Can I help you?

确认对方的身份：Who's calling，please?

May I have your name，sir(madam)?（委婉的表达方式）

传达给对方要找的人：One moment，please.

Will you hold on the line，please?（委婉的表达方式）

将电话转接给对方要找的人：I'll put him(her) on.

I'll connect you with Mr.××.

2.对方要找的人不在的情况

打电话：He(She) is on another line now.

外出：He(she) is out at the moment.

开会：He(She) is in a meeting now. Shall I ask him(her) to call you back later?

缺席：He(She) is not available at the moment.

休假：He(She) is off today.

已经下班：He(She) has left for the day.

稍候给对方打电话：He(She) will call you as soon as he(she) can.

告知对方他/她回公司的时间：He(She) will be back in an hour.

询问对方有什么事：What is this call about?

替对方转达相关事宜：May I take a message?

询问对方的电话号码：May I have your phone number?

3.打电话

通报自己的姓名：This is（姓名）of ×× Company.

说出自己要找的人：Can I talk to Mr. ××?

Could I speak to Mr. ××，please?（委婉的表达方式）

打给某个部门：May I have the Accounting Department?

转接某个内线号码：May I have extension 123，please?

委托接电话者转达留言：I'd like to leave a message.

希望对方外出（出差）一回来马上和自己打联系：I'd like him (her) to get in touch with me as soon as he (she) comes back.

约见：I'd like to see you next Friday at 2:00 p.m. at your office.

TIPS

● 虽说打电话时客户看不见你，但是如果你托着下巴开小差，或是边喝茶边打电话，都是不尊重对方的表现。因为这些态度是会通过声音传递给对方的。

● 由于四周的声响会传入话筒，所以打电话时要注意一下周围的环境。

● 不要忘了你是作为公司的代表来进行电话应对的。所以一定要认真听取对方的话，适当的时候要随声应和，对不明确的地方要进行确认。

（3）无声世界的沟通

Q52 轮到你做会议记录，当天有你同部门的三位同事和其他部门的三位同事，会议后，你怎么做？

- 把会议记录发给主持人，并抄送给全体出席会议者。
- 把会议记录只发给主持人。
- 把会议记录发给主持人和自己的同事。

故事：只把会议记录发给主持人的小吴

小吴乖巧、本分，大学毕业后就在实习的企业留了下来，先做行政，她笑着说是打杂，什么都做，不过这样对自己是个锻炼，大家也很喜欢这个勤快的女生。没想到，一封邮件没处理好让小吴陷入了有理说不清的漩涡。话说那天开营销会议，出席会议的是小吴部门的一位营销主管和其他部门的三位市场部经理，主持人是副总经理。小吴做会议记录。会后，小吴利用晚上休息的时间把会议记录整理好，发送给了自己部门的那位营销主管。正巧，那位营销主管第二天出差没回复。过了两天副总让其他部门的一位市场部经理来责问小吴，怎么报告还没发给她，效率太低了。小吴委屈地说，刚进公司还没有他们的邮箱，不过已经发给同部门的营销主管了。要是小吴那天问同部门的主管其他参会者的邮箱，然后抄送给相关人员就不会出现这样尴尬的局面了。

● 传真礼仪

传真是非常便利的通信手段。但是因为很多人可以看到传真的文件，所以机密性比较高的文件不适合使用传真发送。并且，发送页数比较多的文件会独占对方的传真机。

发送传真的礼仪：

必须写送信书。

为了方便阅读应把文字写得大而粗。

读起来比较困难的文件放大复印后再发送。

纸张边应留下充分的余白。

检查原稿的正面、背面后再发送文件。

检查传真号码是否正确。

在送信前先给对方发个传真联络一下。

在送信后要向对方确认文件是否到达。

对于发送的传真，应写明希望得到回信等对对方的请求。

收取传真的礼仪：收信后确认传真的页数，并告知对方已收到传真。如果是公司内部人员的传真，应转交给那个人。

● 商务邮件礼仪——承载着信任的无声语言

书写规则：避免任何情绪化的、暧昧的语言，使用准确、简洁、明了的表现方式。一封邮件只写一件事情，并使用5W2H。

内容简明扼要，少用叙述文，用1、2、3来表达。

重要的邮件先发给自己。

情绪不稳定时不要立即发送。

段落间要留有间隔，以便于阅读。

不要使用多余的符号和装饰文字，应统一字体。

别忘了署名。

收到邮件后，一定要回复。

电子邮件发送的礼仪：

送信地址：进行慎重的检查，不要弄错收件人。

文件名：起个简洁明了的文件名。

内容：问候等客套话尽量简短，开头不要写得过于唐突，以免失礼。尽量写得简明易懂。

附件：要为对方着想，对图片进行压缩。若发超大附件、照片时要考虑对方是否使用能接收超大附件的信箱，因为可能你很快发送出去了，对方却要花好久才能收到，尤其是对方在等重要工作邮件的时候，被你的附件卡住，是很郁闷的。

电脑病毒：电脑中的病毒有九成是通过电子邮件感染的，特别是给重要客户发送邮件的时候，如果染上病毒的话，是非常失礼的事情。所以在日常生活中，要时刻做好病毒的预防工作。

检查有无错别字等后再发送。

CC和BCC的区分使用：CC是抄送，BCC是隐藏抄送。不要轻易转发别人转发给你的邮件，注意个人信息的保密。

接收电子邮件的礼仪：对商务邮件，应立即回信。不能马上答复的内容，也要尽快通知对方。不要过量储存电子邮件。如果超出了一定的容量，就不能接收到其他的电子邮件了。

电子邮件的整理规则：

整理的要点：整理、隐藏、清除。

对邮件进行分类管理，定期备份。

及时整理并删除不要的、长期保存的邮件。

建立一个删除邮件备用夹，以免误删。

已发送了的邮件按照季度进行区分管理。

- **短信礼仪——方便但注意别出错**

不群发短信：同样的内容由于接收方不同，会引起不同的反应。群发短信会令接收方感觉是滥发，没有针对性，不尊重他/她。

不轻易转发笑话或人生格言：对你来说很好笑的段子和有启迪的格言未必对别人有用，所以不要轻易转发。

要有称呼：一定要有称呼，不然接收方会以为你发错了。

要有署名：若没署名，发了等于没发。如果是正事，不署名更会耽误事。

有些重要电话可以用短信预约：有时要给身份高或重要的人打电话，知道对方很忙，可以先发短信“您好，我是××，打扰您了，10分钟后是否方便给您打电话？”如果对方没有回短信，一定是不太方便，可以在等候一段时间后再拨打电话。

及时删除：一些人经常把手机放在桌上，如果出办公室或者去卫生间，也许有好奇的同事会顺手翻看短信。如果上面有一些并不希望别人看到的内容，就可能引起麻烦。如果不幸被对方传播出去，后果就更严重，因此不想让别人看到的短信一定要及时删除。

在正确的时间内发短信：早上9点前，晚上9点以后最好不发短信。周末不发短信（除非你和对方关系很好）。

提醒对方最好用短信：如果事先已经与对方约好参加某个活动，为了怕对方忘记，最好事先再提醒一下。提醒时适宜用短信而不要直接打电话。

TIPS

每逢节日，人们都会发短信祝福。来而不往非礼也，所以别人发来短信，自己就要回一个短信。接到对方短信回复后，一般就不要再发致谢之类的短信，因为对方一看，又得回过来。就祝福短信来说，一来一往足矣，二来二往就多了，三来三往就成了繁文缛节。

- **微博使用礼仪——三思而下笔**

微博可以快速迅捷地获取信息，也可以不受场地、时间约束发布自己的最新信息、想法等，但需要遵守规则。

不断章取义。

转发时确保自己了解这件事情。

评论时看清楚原文。

客观地发表自己的意见。

生气时尽量不发。

检查是否有错别字。

- **MSN使用礼仪**

请求加对方为好友时，一定要告知对方你是谁，在哪里见过。

及时清理和整理MSN联系人。

不要太勤地更换头像和格言。

- **Skype使用礼仪**

注意时差。

和对方预约好具体通话时间。

通话前最好再邮件提醒。

通话中勿东张西望。

中途断线后马上通过邮件联系。

现代商务工具虽然方便，但不注意使用礼仪就会造成失礼并失去信任。

第六篇
礼仪无处不在——细微之处显教养

Q53 你从上海前往瑞士，看到身边坐着一位在看书的亚洲人，你的做法是？

1. 五湖四海皆兄弟，热情地不时和对方聊天，找话题说话。
2. 看情况，假如对方很愿意和自己交流的话就聊几句。
3. 坐下后一声不吭，视而不见

1. 乘坐飞机礼仪——空间留一线，日后好相见

故事：坐飞机遇到好奇的“查户口”先生

有一次，在从上海飞往东京的机舱内，我遇到了一位热情的旅客，他一进机舱就四处张望，好像在寻找有无认识的朋友。五湖四海皆兄弟，他正巧坐在我旁边，他看到我看中文报纸，就开始热情地问我：“上海人？去日本留学？”当听说我定居在日本时，马上问：“是嫁给日本人吗？先生自己开公司吗？”还没等我回答，他叹口气：“哎，中国的好女孩都出口了！”于是又接着问：“现在国内形势很好，干嘛出国呢？！”在飞行的两个半小时里，这位好奇的先生一直在查我“户口”，还好他自问自答时间比较多，有意思。

（图片摄于百年酒店——皇宫酒店门前）

遇安检人员对携带物品有质疑时应积极配合。

候机大厅内行李不占位。

空中乘务人员向每一位通过舱门的乘客热情问候，作为乘客应有礼貌地点头致意或问好。

进入机舱后，应迅速把行李放置好；后面的乘客应耐心等候，不要硬挤过去。

坐下时向身边的乘客点头致意。

放低靠背时回头看一下后排的乘客，再缓缓将椅背后靠。

熟人之间讲话应降低音量，两人之间说话只要互相能听见就可以。

机舱内通风不佳，要避免使用过多的香水或化浓妆。

用完机上的卫生间后，切忌留下令人不快的痕迹。

情侣之间的亲密行为应掌握尺度。

飞机降落后不急于打开手机。

下机时向乘务人员致谢。

2. 乘车座次礼仪——不同情况，不同尊位

（1）双排五座轿车

有专职司机，座次由高至低的排序：后排左座（司机正后面），后排右座，后排中座，副驾驶座。

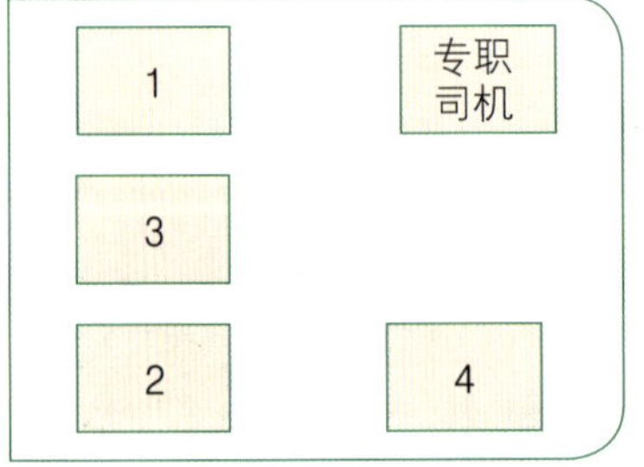

领导或主人亲自驾车，座次由高至低的顺序：副驾驶座，后排左座（司机正后面），后排右座，后排中座。

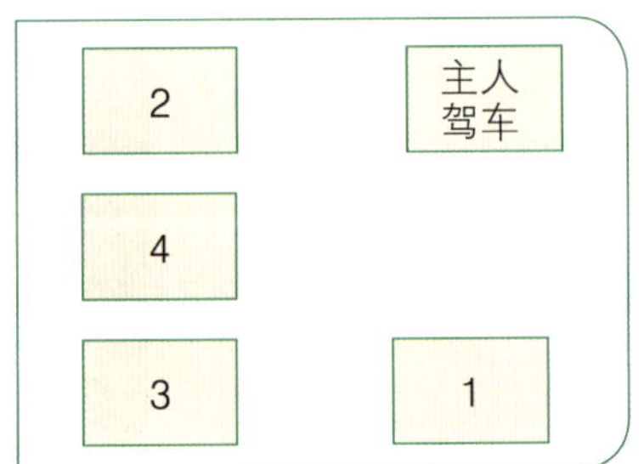

(2) 三排七座商务车

有专职司机，座次由高至低的排序：后排左座，后排右座，后排中座，中排左座，中排右座，副驾驶座。

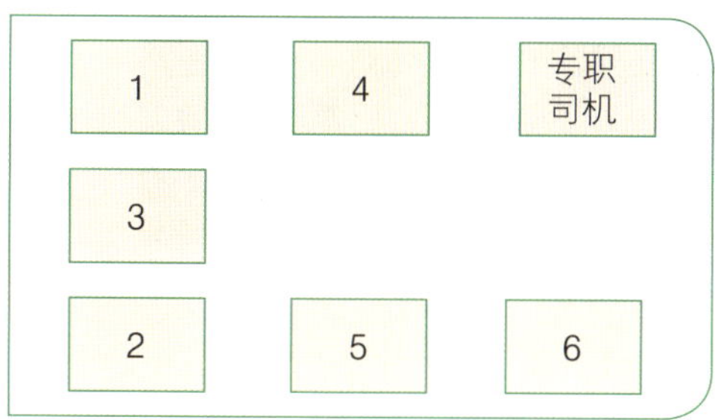

主人亲自驾车，座次由高至低的排序：副驾驶座，后排左座，后排右座，后排中座，中排左座，中排右座。

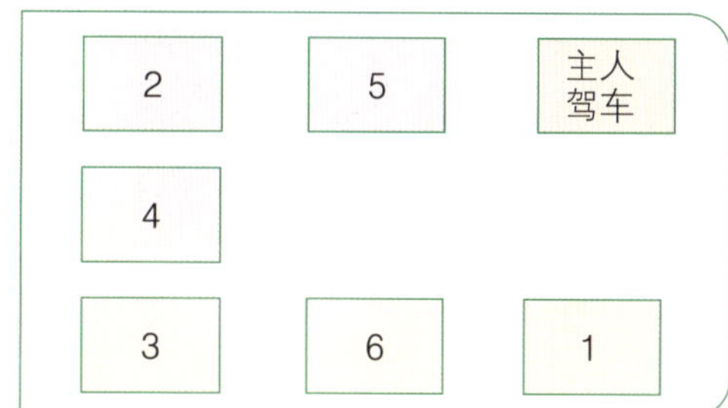

(3) 火车

朝行进的方向，靠窗位置是上席。

TIPS

- 虽说乘车时，应该按照尊位来安排，但也应尊重客户本人的意愿和选择。
- 主人亲自驾车，乘客只有一人，应坐在主人旁边。若同坐多人，中途坐前座的客人下车后，在后面坐的客人应改坐前座。

3. 女士上下车礼仪——优雅得体

(1) 女士上车礼仪

Step1 先将身体背向车厢，双脚并拢，轻抚裙边。

Step2 臀部先坐下，双腿并拢。

Step3 腿脚并拢抬高，保持腿与膝的并拢姿势，脚平移至车内。

Step4 略调整身体位置，坐端正后，关上车门。

TIPS

不要一条腿先进车厢，然后再俯身钻进去，这样会使臀部翘起，不仅不雅观，而且穿裙子时容易走光。

(2) 女士下车礼仪

Step1 身体正直，侧头，用靠近车门的手打开车门。

Step2 双脚膝盖并拢抬起，同时移出车门外，身体随转。

Step3 双脚膝盖并拢着地，身体自然撑起。

Step4 起身后直立身体，转身关车门。

TIPS

绝对不要缩手缩脚地侧着身体出来，也不要背对着车门退出来。

4. 拍照礼仪——我为人人，人人为我

拍照时若有行人等候，应向其致谢，或者等别人过去后再拍。

当穿过别人拍照的镜头前时，应先示意或是等候别人拍照后再通过。

如有人和你同时在同一个景点前拍照，要主动谦让。

在旅游景点拍照姿势不要摆太久，以免众人等候。

负责拍照的礼仪可分为五个层面：

第一层面：帮对方拍完后无声无息，双方都忘记。

（图片摄于2011日本世界兰花展）

第二层面：帮对方拍完后，要等到对方催促才说马上把照片给他。

第三层面：帮对方拍完后，3天以内发给对方，但照片没有挑选过，需要对方自己解压。

第四层面：帮对方拍完后，把挑选好的照片注上日期并分类后3天以内发给对方。

第五层面：帮对方拍完后，把挑选好的照片进行分类、注上日期、取名后发给对方。

观点

一心不乱把小事做好了，自然会成就大事。

5. 步行礼仪——勿挡别人路

两人以上不并排步行，以免挡住后面行人的路。

在人前穿过时要致歉。

当别人让你路时要致谢。

不要一边挥伞一边大阔步行走。

TIPS

在瑞典等北欧国家，你和朋友并排走在街上，看见有人站在你背后不吭声时不要惊讶，因为你挡住了他的路，他怕打扰你，所以就站在背后等，不过多数遇到这种情况会和你打声招呼后走过去。

6. 地铁车厢内的礼仪——牢记身处公共区域

两个人之间说话的音量调至彼此能听见即可。

一个人不坐两个位子，一个人不拉两个吊环。

脚不要伸在太前方，挡住别人的通道。

不在车厢内吃早餐。

湿的雨伞要折起来。

耳机的音量要调小声一点，周围的人未必欣赏你听的音乐。

7. 入住酒店礼仪——勿让所有人知道你的家事

不在大堂把酒店和你以前住过的进行比较，不把性价比高还是低在大堂里讨论。

团体办理入住手续时不要三五人并排挡在前台。

对工作人员彬彬有礼。

除了需要更换的床单毛巾之外，其余尽量保持入住时的原样。

不在过道上高声谈论，影响其他房间的客人。

不在星级酒店吃方便面和榴莲(因味道会迅速飘散在整个楼层)。

房间内电视声音尽量调低。

8. 鼓掌礼仪——节奏平稳，频率一致

鼓掌意在欢迎、欢送、祝贺、鼓励其他人。掌声大小，则应与气氛相协调。

(1) 观赏交响乐时

在乐章之间不能鼓掌。一首交响乐曲通常分为四个乐章，应该把它作为连贯的

整体来欣赏。

当指挥的手仍然举起在空中，表明音乐还没有结束，不能鼓掌，音乐结束三五秒钟之后，掌声如潮涌起，才是最高境界。

鼓掌时要随着大家的停止而停止，不要自己鼓个没完。

（2）观看游泳比赛时

当运动员漂亮地完成动作后，可以热烈鼓掌。

在运动员走上跳板或跳台时，不能鼓掌，以免干扰运动员的起跳和比赛节奏。

（3）观看体操赛事时

运动员技惊四座的漂亮动作完成后可以鼓掌。

运动员完成整套动作后落地不稳，但仍然站起来完成最后的亮相，掌声意味着赞赏运动员的坚强意志。

（4）观看乒乓球比赛时

每个死球和每局结束可以鼓掌喝彩。

发球开始到成为死球之前，不应鼓掌。

9. 探病礼仪

刚入院，手术前后的时间要尽量避开。最好询问病人的家人或医生探望的最佳时间。

进入病房，要先敲门，得到应允，方可进入。

不要送太香、有毒性的花束。送水果或点心时，要看病人是否有食物限制。

不穿颜色太夸张或一身黑的服装。不化浓妆和用太强烈的香水。

探病时，不要坐在病床的床沿，以免病人有压迫感。探病的时间不宜超过半小时，以免病人疲倦。

勿窃窃私语，以免引起病人对自己病情的猜疑。不一直打听病情的原因，更不要把病人和因同样病情去世的人相比。

10. 抹香水礼仪——不着痕迹的芳香

在英语中抹香水称之为“wear fragrance”，正如字面所表达的意思，wear有服装和穿的意思。在欧美，香味与服装一样是自我的一种展示，抹香水也需要遵循T.P.O原则。服装穿错不一定会影响到他人，但香味有时拿捏不到位，会成为一种公害。

(1) 作用

使人愉悦，令人改变对你的看法和心情。很多女性就懂得利用香水去影响与她合作的人的心情，令对方觉得和她在一起心情愉快。

(2) 香味

分为前调、中调和尾调，也就是说同一瓶香水洒在身上后，在不同的阶段散发出来的香味是不同的。在喷洒香水后最初闻到的香味就是前调，在两三个小时后闻到的是中调，在五六个小时后闻到的是尾调。

(3) 抹香水有以下三种礼仪要求

- **适量**

在抹香水时，会因自己闻不到而涂抹过多，这时你应该懂得，哪怕自己觉得香味很淡，其实已经飘散得很远，当然如果你自己已经闻到了，对周围的人来说就是刺鼻了。

- **抹在皮肤清洁处**

抹香水时，避开汗多、味重的部位。有些人为了隐藏腋下气味或汗臭，会在这些部位抹香水，这是男士使用香水最容易犯的错。香水是没有抑制臭味作用的，所以在容易出汗的颈部和腋下涂抹是无效的，与汗臭、体臭混在一起，会给周围造成公害。在抹香水前，最好先沐浴，在清洁的皮肤上使用。

- **分清使用场合**

不适宜抹香水的场合：看望病人，参加葬礼，封闭的空间（影院、机舱、会议室等）。

适宜抹淡雅香水的场合：和客户、朋友进餐，观看歌剧，赴宴等社交活动。

适宜抹较为浓烈的香水的场合：和恋人约会、共进晚餐、去酒吧等，可以尽情使用，香水味可以让气氛达到高潮。

(4) 涂抹的量

喷雾式香水，只要喷射一下即可；非喷雾式香水，用右手食指与中指遮住瓶盖，把香水瓶倾斜，让香水沾到手指即可。

(5) 涂抹的部位

- **男士**

耳后根：耳后根体温高容易挥发，涂抹方便。

手腕内侧：涂抹于静脉之上，手腕内侧体温高，经常振动，香味散发性好。

腰间：在用餐前，把香水涂抹在腰间，让香味慢慢飘散，是最佳选择。

● **女士**

锁骨处、脖子、耳后跟。

脚后跟：脚后跟离人体最远，约会前把香水涂抹在脚后跟，约会时，阵阵幽香慢慢飘入，令氛围更加浪漫。

TIPS

喷上香水后不能用手去搓揉，这样会破坏香水的分子微粒，影响香水的效果。

11. 温泉礼仪——干净安静才能感受天人合一的意境

Step1 进入房间后，先用热毛巾抹一下双手，喝杯热茶，吃一个温泉馒头。

Step2 穿好浴衣，把毛巾、袜子等装入小包。

Step3 接着去往男女分开专用温泉。在日本，殿方是指男性，姬方是指女性。

（图为日本箱根温泉区）

TIPS

泡温泉有“一日三泡”的说法，即一泡是在早餐前半小时，二泡是在晚餐前半小时，三泡是在睡觉前半小时。

Step4 泡温泉前，先要到洗浴的地方把身体洗干净，方可进入温泉池。

洗浴处有小板凳、小木盆、小勺等，坐在小板凳上洗净身体，用小木盆装好水，用小勺舀水冲洗身体。这样，身上流下的脏水不会溅到别人那里。

Step5 泡温泉时，随身遮挡重要部位的毛巾只能叠放在温泉池旁边，头发长过耳应扎起来或戴浴帽;不在温泉池内嬉水;不在池内洗搓毛巾。

Step6 从温泉池上来时，擦干水滴，穿好浴衣后稍息片刻。

Step7 泡完温泉后喝杯冰麦茶。

（2011年10月3日摄于箱根雪月花温泉）

TIPS

每家温泉旅店基本都会有小卖部，旅客可在那里买些小礼物，化妆品会有样品试用，食品可以试吃，但付费之前不要打开来检查，或者怀疑产品的质量。

12. 观光礼仪——每个人都是一张所在城市的名片

观点

有礼走遍天下，无礼寸步难行。

不能为了取景拍照而损坏旅游景点的文物古迹、花草树木、亭廊水榭等建筑物；不在柱、墙等建筑物上随意写、画、刻。

不丢弃杂物在地上或水池中，在公共场所应降低音量。

排队时绝对避免插队。

游客较多时，不在景点内的长椅上睡觉，不要把脚踩在椅子上。

（图片摄于日本伊东）

13. 观看体育比赛礼仪——个人形象代表国家形象

(1) 赛事开始前的礼仪——不做有损国格之事

衣着符合气候、场合：男士切忌光膀子，女士切忌穿太露、太透、太短的服装。

提前10分钟入场，摘掉墨镜和帽子。

对号入座后冬天把外套先脱好，避免在观看比赛中又脱又穿，影响其他观众的视线。

（2）比赛中的礼仪

● 通用礼仪

举行升旗仪式时，观众应当向双方的国旗肃立致敬，切忌在升他国国旗时嬉笑打闹。

不吃带有响声的食品，不走动，不大声评论

看到自己国家的运动员得胜时，不怪叫，不吹口哨，不嘲笑他国运动员。

看到他国的运动员得胜时，不喝倒彩，不辱骂裁判员和教练，不扔东西发泄。

要为双方运动员加油。

不用闪光灯。

掌握时机鼓掌。

● 观看排球比赛

比赛用球飞到观众席时，不直接扔回场内，更不可把比赛用球当做纪念品留下。

（图为英国人及游客有秩序地观看换岗仪式，不仅换人，还要换马）

● **观看网球比赛**

如果迟到，可在运动员交换场地时尽快入座。

发球时当运动员用球拍原地拍球时，要保持安静，这是运动员给自己加油打气并思考战术的过程。

比赛中，当捡到球员打飞的球后，不可在比赛进行时将球扔进场内，应在比赛暂停时将球归还场内。

● **观看马术比赛**

不摇摆任何旗帜和饰物。

不能离开座位趴或骑在围栏上观看。

不能接近或触摸马匹。

（3）退场礼仪

向双方运动员鼓掌致意。

不在对方球队获胜已成定局时边谩骂生气边中途退场。

退场时，不踩椅子。

14. 办公室礼仪

（1）上下班礼仪——不要吝啬一句问候

早上进公司时：向周围的同事点头致意，并微笑着说：“早上好”。

下班前：向还在座位上的同事道别：“我先回家了，明天见！”

NG 早上匆匆忙忙奔跑着进公司，不和任何人打招呼，面无表情，一到自己座位，边吃早餐边看电脑。

（2）过道内的礼仪——低头不见抬头见

在办公室过道里遇见同事，就算不是同部门或者互相之间是第一次见面也要点头，微笑致意，并略微侧身行走。若是遇见上级领导，应该驻足微笑，让领导先过。

NG 在过道里只和认识的同事笑着说话，遇见不认识的同事便马上收起笑脸，一言不发。遇见领导也是笔直地急匆匆行走，没有止步。

（3）使用电脑的礼仪——调整好姿势

上半身保持挺直，头略微朝前，坐椅子的三分之二，轻轻敲打键盘。

（图为大学时代的我）

NG 头凑到电脑前，只坐椅子的三分之一，好像对键盘有仇，打字时发出很大的响声，边打字边吃零食。

（4）茶水间内的礼仪——身在公司没有绝对的放松

泡完咖啡或茶后，把袋子轻轻扔进垃圾桶；冲完后正好遇到水或咖啡没有了，要通知有关人员更换；遇见其他同事在前，应该微笑致意，耐心等候。

NG 随手乱扔袋子，水溅在外面；靠在茶水机前喝咖啡，遇到同事一言不发，视若无睹。

（5）进入领导办公室礼仪——切勿探头探脑

门开着也要敲门，得到允许进门后不要随手关门。

看到领导在打电话就马上退出。

内容简短就站着汇报。

离开时要轻手轻脚。

（6）向领导汇报工作礼仪——掌握好时机

中国的礼仪有一种是能够体现在形式上的，还有一种是暗喻的，需要去领悟、理解。有些人因为失礼，领导对他工作评价不好，他本人还不知道。工作上的对错领导会直接对你指出，但失礼之处领导不会说，但有可能直接影响到你职业生涯的发展。

所谓汇报，一般是指将工作中的有关资讯进行认真的分析、研究、综合、归纳、概括和总结，然后根据实际需要和有关规定，向有关负责人进行专门报告。

- **汇报方式**

口头汇报：常用于事务性的工作，因其直接向领导当面汇报，方便快捷。

电话汇报：通过电话向领导汇报，虽然不影响工作，但不便于问题的进一步交流。

书面汇报：常用于政策性的工作，将汇报内容形成文字资料，请领导审批办理。

- **汇报前的准备**

准备要充足，基本数据存在脑中，不要被领导问了之后才开始翻资料。

汇报时机

汇报时间的选定：在进行汇报前，一般应事先约定具体时间。汇报时间通常由汇报对象决定，汇报者应尽量避开节假日等非工作时间。

汇报的时机要慎重选择：先了解领导的活动安排，再通过秘书请求领导接见，或直接用电话向领导提出请求，获得允许方可去见领导。不要在领导忙得不可开交或全神贯注处理某一事情时打断领导的工作和思路，也不要在领导出席会议或约会时去打搅。

严格遵时守约：预约汇报，事前指定了时间，届时必须准时到达。如果过早到达，会打乱领导的安排，甚至会使领导因未准备就绪而难堪；如果迟迟不到，让领导久候则浪费领导的时间。如果遇到突发事件确实不能准时到达，应设法尽快向领导说明原因，请求推迟时间，或另约时间，并致以歉意。

汇报仪态

不要靠在桌上汇报，一方面给人不注重仪态的感觉，另一方面会被人误会。

×

向领导汇报工作时，要微微欠身，让眼神与对方基本持平，并保持一定的空间距离。

√

汇报内容

精练简要：准备汇报的内容应具有一个明确的主题，然后客观、公正、有理有据地展现所要汇报的内容。切忌废话连篇，讲空话、套话，没有重点，使人看后不知所云。

语言准确、文明：在请示汇报时用语应准确、文明。不能说话模棱两可、吞吞吐吐。

语气谦逊：在请示汇报中要问某一问题时应使用询问的口气。当领导否定你的意见时，要保持冷静的态度，切忌情绪化。如确需插话也应先用商量的口气说："对不起，请允许打断一下。"或者说："我想提个问题好吗？"得到领导同意后再陈述自己的看法。否则，是极其失礼的。被高层领导表扬了，要把功劳归于直接领导，不能沾沾自喜。

(7) 和领导有异议时的礼仪——控制好情绪

先处理情绪。

选择时机：避开领导心烦意乱、忙碌或有重要电话的时候。

不卑不亢地表明自己的观点。

对有异议的问题提出解决办法。

对领导的理解表示感谢。

(8) 同事间相处礼仪——了解同频共振原理

NG ①过于亲密。

②玩笑开得过分。

③无称呼（哎、喂、叫你呢等）。

④替代性称呼（绰号、小名）。

⑤在客户面前称呼自己部门领导为老板。

15 拜访礼仪

(1) 拜访前的准备

建立大客户档案：姓名、部门、职位、入职年数、籍贯、学历、兴趣爱好、家庭成员构成等。

姓名		单位		职务		级别		生日		地址		年龄	
工作年限		手机		电子邮箱		家庭电话		办公室电话		传真		收入状况	
性格特点		兴趣爱好		特长		毕业院校及专业				备注			

配偶姓名		单位		职务		级别		生日		地址		年龄	
工作年限		手机		电子邮箱		家庭电话		办公室电话		传真		收入状况	
性格特点		兴趣爱好		特长		毕业院校及专业				备注			

然后预约拜访时间，告知拜访的目的。

需准备：书面资料（公司介绍、产品介绍、建议书等）、名片、记事本、笔。

注意要仔细查询交通线路，预备充分的时间。

（2）拜访时的基本礼仪

进入客户办公区域，应主动与见到的任何人微笑着打招呼。想要给客户留下良好的印象，并非是从见到客户的那一刻开始，很多CEO会在你拜访结束后询问秘书或前台对你的印象。

进入会议室前应脱掉大衣、围巾、手套和帽子等，而不是当着客户的面脱。

公文包放在自己脚下，而不是客户的会议桌上。

在会议室等待客户时，切忌东张西望、随意翻动资料。

客户方助理给你奉茶或倒咖啡时，需要致谢，记得微笑并抬起头。

（3）告辞礼仪

拜访结束时，面带微笑地和对方握手，感谢对方抽出宝贵的时间接待你及聆听你对产品的介绍。

- **客户拜访三大禁忌**

禁忌1　与对方过于“套近乎”

具备专业素养的管理人员忌讳在初次见面时营销人员过于套近乎，因为这样会打扰双方的逻辑性思维，影响专业的判断力。

禁忌2　夸夸其谈，却没有实例

营销人员切忌在拜访客户时大谈特谈本公司成就、特长等。事实胜于雄辩，唯有举例，才能使客户信服。

禁忌3　假扮完美，不堪一击

营销人员切忌假扮完美。当被客户问到你们的产品有什么不足、你们公司在这之前与其他公司的合作中有没有出现过问题时，不要一口否定。其实这种回答常常是对自己没有信心、不负责任的表现。只有充分地认识到自己的弱点，在解决问题中不断成长，才能造就真正成熟的品牌，也更具有生命力。

TIPS

拜访时间最好避开周一上午、周五下午，平时早上10点前、下午1点、下午4点以后，客户的宗教节日，西方人避讳的13日等。

观点

礼仪，表现在笑容、眼神、语音、手势、服饰、距离、举止等生活、工作所有的细节中。罗马城不是一日之间建立起来的，淑女也不是一日可以造就的。简简单单一个眼神，就可以显示出礼仪的深浅。这种礼仪不是做作的，而是体现出一种对他人由衷的尊重，体现了一种深刻的人文主义思想。

我们生活的星球就像一艘船，船上的每个人应该同舟共济。

在过去，“人类”这个词的意义可能是抽象的，但在今时今日，它代表了人与人相互关怀、交流，国与国命运休戚相关。全球，一个经济的共同体，更是一个命运的共同体，我们是邻居。

——摘自德国前总统克勒在2007同济百年校庆演讲

参 考 文 献

[1] 杰奎琳·惠特摩尔. 最权威商务礼仪课——商务精英必须知道的基本礼节[M]. 姜岩，译. 石家庄：河北教育出版社，2008.

[2] 亚伦·皮斯，芭芭拉·皮斯. 身体语言密码[M]. 王甜甜，黄佼，译. 北京：中国城市出版社，2007.

[3] 羽西. 中国绅士[M]. 北京：中信出版社，2006.

[4] 金正昆. 礼仪金说[M]. 西安：陕西师范大学出版社，2006.

[5] 杨茳，王刚. 礼仪师培训教程[M]. 北京：人民交通出版社，2007.

[6] 路勤·密诗基. 带出你最好的一面[M]. 北京：中国青年出版社，2007.

[7] 未来之舟. 商务礼仪[M]. 北京：中国经济出版社，2006.

后记：谢谢你们出现在我的生命里

我不是科班出身，没有系统地在课堂上学习过礼仪，所有的感悟都是来自生活，来自行万里路中的顿悟，来自和良师益友对话中的学习和共鸣。老天爷对我实在太好，让我能够以自己喜欢的方式做自己喜欢并有意义的事情，授课时能够用自己的方式淋漓尽致地表达所思、所感，感谢学员们接纳了这样的方式并与我分享，每一次授课都让我经历着一次内心的感动和富足。

文字和音乐一样是有灵魂的，鉴赏古典音乐最重要的是听懂音乐家透过音符、乐段、篇章在向世人诉说什么，他在创作时的内心世界和环境是什么，以及他的人生故事和历练。阅读也是一样,只有读出视觉所未能覆盖到的空间，读懂文字背后的语言,才能真正开启智慧之窗，回归初心，从而懂得作者的本意。礼仪，最难学的不是标准的站姿、坐姿、鞠躬的角度、微笑的嘴角，而是在学习的过程中让自己的内心世界趋于和平。

"No anger inside means no enemy outside."（内在没有愤怒，外在就没有敌人。）

——Lama Zopa Rinpoche（喇嘛梭巴仁波切）

本书的出版，我要感谢机械工业出版社的信任，谢谢你们提供的载体，让此书得以出版；感谢根据本书内容进行专业示范的赵菊老师、李旸老师、景雅澜老师：感谢赵菊老师严谨、一丝不苟的工作态度；感谢李旸老师默默承担着不同角色和敬业精神；感谢景雅澜老师的温馨协助,和三位老师一起工作让我得以提升。

感谢源胜公馆吕总提供的拍摄场地，为本书增色；感谢沈湖生态农庄庄主苏寿梁先生提供拍摄团队的住宿；感谢罗石贤老师在百忙之中抽出宝贵的时间为我修改文稿；感谢王磊形象公社为书中主人公塑造的美发形象；感谢贾志文、晏文忠的专业拍摄；感谢陈改霞带领的团队在背后的支持；感谢富礼德的所有合作伙伴和尊贵的客户；感谢上海嘉青公司的协助。要感谢的人太多，在这里无法一一道尽，请大家包容。

（图为我与馨然荟名媛学堂的学员）

（图片摄于浙大紫金港校区）

（图为我与小松中国有限公司第十期学员在常州培训中心的合影）

（图为我与恩师及校友和杭州UBWin的交流会）

（图为我与第一期礼仪班学员的合影）

最后，我要感谢在我生命的不同旅程中出现的不同旅客，是你们让我拥有了亲情、友情和爱情，以及珍贵的回忆和经历。

感恩先贤为我们留下了丰富宝贵的遗产。

感恩父母的爱和理解，谢谢你们包容了我成长过程中的任性和走过的弯路。

感恩我先生的全力支持和信任，给予我爱和自由的空间。

感恩恩师的培育。

感谢好友们一如既往的支持。

感谢客户给予我传播礼仪的舞台。

感谢学员们的认可。

感恩自然界的万事万物。

感谢正在阅读此书的你。

感谢默默关注我的人。

感谢身边出现过的所有的人：教会了我珍惜血缘、地缘和人缘。

谢谢你们出现在我的生命里。Thanks for coming in my life.

我的内心已深感富足。

愿内在的和平与我们同在。

（图片摄于国恩寺）

2012年3月15日完稿于上海莘庄自宅

好友寄语

礼仪是一门应用艺术，在最初的学习中，我们按照约定俗成的方法进行练习。熟练掌握后你会发现：尊重是最大的礼仪，内心的美好是最大的魅力。Lisa的这本书，对大家的帮助不言而喻。

——中国形象设计协会秘书长　程从正

礼仪不仅仅是举手投足间的彬彬有礼，而是民族文化的展现、对世界文化的尊重，是从心底油然而生的欢喜和关怀，这是万里红老师的书给我的感受和思考。

——中华人民共和国上海出入境检验检疫局文化办副主任　赵文斌

个人形象代表企业形象，大凡世界级的企业都对员工的素养有着很高的要求。

万老师的新书从商务礼仪的各个细节入手，让您的形象和企业的品牌同步发展。

——南京大学教授、博士生导师　潘金贵

敬天爱人，由内而外，自然而然，万里红老师总是用心、用行诠释着礼仪。

——同济大学副教授　岳昌智

因为有缘，我们相遇；因为欣赏，我们相识。

容貌是天生的，但气质是可以培养的。

听Lisa的课是一种享受，读Lisa的书是一种提升。

——上海浦东发展银行　周蕴蔚

万里红老师用心做事，用心爱人，以礼敬宾，以友为快。

——世界老子同道会副总干事　沈念慈

一本好书，一把“心灵钥匙”。内外兼修的素养，是精神的成熟、心灵的丰盈，如同呼吸，是你我不能没有的财富。像万老师那般享受单纯的生命，拥有丰富的心灵，便是幸福。

——慢活美学服饰品牌Acqua Elegante（雅伦格）首席体验官　王卫忠